實現人生藍圖的 28堂思辨課

臺灣大學哲學博士
周詠盛——著

關於學習、工作的意義，以及未來的自己

為了更美好的將來，
別輕易停下思考的腳步

│ 臺灣大學哲學系兒童哲學研發中心執行長 蔡言函

　　本書以平易近人卻深刻的敘述方式，帶領讀者進行對於人生的思辨，而這些思辨的過程奠基於作者深厚的學術背景以及其涉獵豐富的理論。書中的重點不在於分析理論，而是為讀者提供更全面也更新穎的角度，看待人人都可能需要思考，甚至是尚未找到答案的問題。本書探討的28個議題都直指人心，若是大家已經看過各篇章的標題，或許就能感受到強烈的共鳴，那些共鳴不只是源於自身經驗，更是來自這個時代所造就的社會及環境。因此，人人皆在其中，或許有些提問只是你習慣了，而忘記可以主動尋找可能的答案。

　　第一章是關於人生目的之思辨。首篇就直擊內心：「人一定要追求幸福嗎？幸福是否很難實現？」我想要的幸福是

否為真正的幸福？過度自信，或是自我懷疑甚至放棄，這是兩種極端的狀態，但在現今的環境中卻並非特例。我們可以注意到，在面對人生時，真正「頭腦清楚」的人或許才是少數，作者提供了相當明確的思考指引：資源配置最佳化，若能把握其中道理，那麼至少能走在通往幸福人生的方向上。我認為幸福伴隨著自由，而自由離不開經由思考後做出的種種選擇。基於以上觀點，我們能在本書中繼續思索關於愛、興趣與謀生、快樂與金錢、生活方式，以及人與人之間的價值觀等議題；並且重新審視內心的想法，在迷惘的時候帶你找尋新的方向，讓人生道路上的選擇獲得堅定支持的力量。

本書的第二章則是關於社會運作。多數人無法徹底地離群索居，在社會中難以僅考慮自身的感受而行事，但並不希望隨波逐流。那麼又該如何在如此複雜且變化極為快速的社會裡，好好生存與生活呢？在這個章節，作者試圖以11個提問，進行對於在未來要生存下去之方法的思辨。其中談及大學與職業的關係、追求戀愛對象的困境、執著於成功的陷阱等等，皆是在面對未來時的多面向提點，包含價值、理性、真相、言論自由、網路以及權力之影響等等議題，無一不是希望通往更理想的人生狀態時，需要停下腳步想一想的課題。

接著，在最後一個章節，我們能夠跟著作者一同思辨：是否可能打造一個更好的世界？若要思考本章所提出的9個問題，除了回到自身，亦須面向世界。許多議題對於社會大眾來說，總會帶著批判的意味，但作者引用了各領域的資料或數據，綜合分析出可能導致各種社會現象的原因，帶領我們看見盲點、探究問題、嘗試找出解方，又或是促使讀者進一步反思。唯有如此，才能做好迎接未來的準備，進而讓世界變得更好。正如作者所述：有些問題目前無法給出完美答案，但能提供一種更廣的思路。

○

《實現人生藍圖的28堂思辨課》一書除了各篇章之探討方式極為流暢且貼近自我與生活外，尚有一特別之處，即書中的「思考工具箱」——它的內容精簡，如同一片思想大海之中的明燈，幫助讀者釐清每個論點的想法；它提供的知識和觀點並非各議題之結論，卻能有效地提示每一位正在思索屬於自己答案的讀者，避免思辨過程中可能出現的盲點。

相信大家無論是先挑選自己有興趣的篇章，或是從頭開始閱讀本書，皆能獲得許多啟發。可能有些你不曾有過的想法，將在成長的途中發揮引導作用，或許有些觀點你不同

意，但也無須擔心，因為你已經認真思考過了。而「願意思考」正是在建構自己的人生藍圖時，不可或缺的關鍵。

　　最後，對於本書作者周詠盛老師完成了此書的撰寫感到萬分喜悅，因為筆者知道有許多學生甚至是成人，都希望有人能傾聽他們心中的苦惱——也是這個世代的疑問。同時，更期待有人可以分享讓他們解惑的方法，而這本書正扮演了這樣的角色。令人感到欣喜且安心的是，當那些曾在兒童哲學課堂中盡情提問的孩子們，慢慢長大成人之後，仍有人願意帶領他們在生命中進行思辨，以邁向更加美好理想的人生。

關於本書的使用方法

有位前輩曾說：「如果你想寫一本幫助別人的書，先想想20幾年前，自己希望怎麼被幫助？」本書正是在這種心情下完成的。

篇幅不需要長，但得能刺激思考；不用特別完美，但最好能夠讓人印象深刻；閱讀時算不上太輕鬆，但偶爾會想拿出來再次翻一翻。從這樣的出發點，本書彙整了我長久以來思考的28個問題，每一篇各自獨立卻又彼此呼應。

其中，書中規劃了比較特別的兩個設計，分別是「思考工具箱」與「五分鐘燒腦練習」。為了維持閱讀體驗，本書採用了大量的案例與平易近人的口語表述，相較之下，思考工具箱則是從諸多案例裡提煉出某些原理或概念。這可能會讓它讀起來有點抽象，因為學者們在研究事物時，會希望找到能盡量泛用的原則或理論，但那常常得剔除事件的發生脈絡。

好處是，在面對未來可能出現的新狀況、新案例時，這些概念經常可以扮演工具的角色，幫助我們更好、更快地理解現狀——這屬於進階的思辨實作。感興趣的讀者們可多

加嘗試，也許下一次你在觀察新事件時，思考工具箱便能派上用場。

至於五分鐘燒腦練習，則有助於長期記憶。大家不妨想一想，我們上過那麼多課，有多少內容是真能記在腦海裡的？如果絕大部分都遺忘了，代表單純的瀏覽或聽講，常常只讓人留下模糊的印象，很少帶來真正的成長。

而腦科學研究告訴我們，輸出至少跟輸入同等重要。輸入是指聽或讀，輸出是指說或寫——把聽到或讀到的東西，說出來或寫出來讓人了解，才算真正的學習。因此，請各位在讀完一個主題之後，至少花五分鐘回答燒腦練習的提問。如果感受到了一點難度，代表你正在運用腦力，所學到的知識也才會因此進入到長期記憶，而能跟身邊的人相互討論更好。

當然，如果你想成為寫作者，或已開始在社群平臺上發表觀點，原本的提問可能太過簡單了。但我仍建議以類似模式，只是改成自行尋找更深層的問題，探索出更精闢的答案。此外，如果對某些議題想要了解得更透徹，不妨找找參考書目來一讀。

以上所言，是針對自行閱讀的情況。如果你是講師，想要帶領思辨相關的課程，除了本書的主題以外，我建議搭配額外的時事或案例，並穿插討論題目。據我自己經驗，最

好是每講述15-25分鐘就稍稍暫停一下，提出問題來讓同學們思考、發言與消化內容。

最後，談談我自己的個人想法。無論講出來的東西多有道理，滿足人們心理需求的，叫做智慧；挑戰人們心理需求的，叫做嘮叨；不滿足也不挑戰的，則是冷知識。

也許對很多讀者們而言，書中的這些說法比較接近於冷知識。可是人會改變，也會成長，成長往往伴隨著全新價值的發現，而非單純把現有價值最大化。

100多年前，有很多人覺得汽車太危險，不如坐馬車；在網路如此發達以前，有不少人覺得攜帶手機太麻煩，不如用電話；也許你也曾經歷過，以前乍看之下不好玩的東西，最近才發現這麼有趣。

因為我們成長了，尤其是開始適應新的環境之後，新的心理需求也會跟著出現。本書的主要目的，即是希望各位將來在追求更多成長時，先做好初步的準備。願你能在使用本書的過程中，找到屬於自己的思考樂趣。

CONTENTS

chapter 1 關於人生目的
意識到當下無法重來，是對自己負起責任的開始

chapter 2 關於社會運作
在現實的枷鎖裡發揮個人的極限

CONTENTS

chapter **3** **關於時代變化**
共同打造一個更好的世界

chapter **1**

關於
人生目的

意識到當下無法重來，
是對自己負起責任的開始

出社會後，常覺得人生起伏很大。討論他人的成功或失敗、順風或逆風、艱難或輕鬆，是擁有一些社會歷練後，大家特別喜歡圍繞的話題。

相較之下，學校是個和同儕間落差沒那麼明顯的地方，絕大多數人都能取得足夠學分、順利畢業，最終拿到學位證書。但在社會上，被分手、被解雇、創業失敗等等卻極為常見。當然也有人名利雙收，擁有幸福美滿的生活。

其實我們都知道，很多時候成敗並不由人所決定，總是有人運氣好、有人則否。但如果人生可以重來，而你想改變那些不夠好的結果時，就一定得從自己開始。這就是為什麼，我們要為自己的人生負責。換句話說，在面對各種可能的挑戰時，我們必須更有抵抗力與應對能力，最好還能夠將自身的優勢最大化、劣勢最小化。

這當然不代表我們只想到了自己，而是先自我照顧，才有餘力幫助別人。願意替他人著想的人越多，社會才會更好。希望我們都能成為一個為自己負責，也替他人著想的人。

01

人一定要追求幸福嗎？
這是否很難實現？

　　按哲學的定義，幸福是人生的終極目的，所以人人都會追求它，不過這是真理嗎？許多學科都曾經從不同角度，來研究人應該如何得到幸福，包括哲學、心理學、社會學與經濟學等，然而，我在大學講課時發現，並不是每個人都想知道幸福研究在說些什麼。他們彷彿覺得這東西事不關己，甚至公然宣稱：雖然人生並非享樂就好，但也不認為自己必須追求幸福。

　　讀到這邊，你可能會覺得有些奇怪。如果幸福是人生的終極目的，那怎麼可能有人不想要幸福？難道這些人並不追求任何事物嗎？關於這點，我的解釋是：從前人們對於幸福的想像，多少帶有規範、指導甚至教條意涵，但相對來說，現代人重視自由的程度，更勝於主流的幸福典型。

　　這主要是因為，過往定義的那種幸福，並非單純憑自身感受就能決定的，它很大程度上是以社會期望、他人認同為出發點。打個比方，若你沉浸於追劇或手遊，而工作所得也剛好能支撐這種生活，自己又相當滿意於現狀時，忽然有人跑來說你犯了某種可怕的錯，真正的幸福不該是這個樣子。如果你反問他：「那應該要是什麼樣子？」得到的回覆，很可能是某種既有的幸福樣板，諸如一份令人羨慕的收入、好伴侶、成家立業等。

幸福越來越難被定義

　　不僅如此，如果我們不遵循這種主流的幸福樣板，某種隱性壓力就會隨之而來，譬如常常被問到：「何時打算換工作？」「不想繼續進修嗎？」「何時要定下來？」也就是說，當人們意識到幸福一詞，威脅到自己當下所追求的事物時，就很難宣稱自己想要幸福。這似乎是個悖論——越是強調人們應該追求幸福，就越有人抗拒這種追求。換句話說，社會上對於幸福已有了某種刻板印象，而有些人一直想要擺脫它，從而造成幸福與意願的脫鉤。

　　因此，幸福可能喪失了它原先設定的功能，或者被附加了額外的意義，導致大家也想探索或建構更好的生活，

但他們不想用「幸福」來代表這件事。換句話說，**人們對幸福的認知已有了改變**：在過往，人們認為定義幸福不難，可以分解成道德、家庭、朋友、金錢等要素，困難的是追求這些要素的過程；然而如今，發掘自己要什麼、對什麼感受最深，這部分才真正不容易，一旦發現自身的幸福只能來自於哪些獨特的事物，通常就水到渠成了。

剛好近來有件哲學趣聞，有助於我們思考這一點。中國有位農民工名叫陳直，突發奇想到網路上問道：「我翻譯《海德格爾導論》到一半了，能不能靠它上大學？」

一開始大家嘲笑陳直，覺得他講的話很不現實。後來發現他下過苦功，在工廠工作體力耗盡之餘，還每天花兩三小時自學與翻譯。但規矩就是規矩，翻譯再怎麼認真，也不代表能讀大學，甚至有人批評，說缺錢就不該讀哲學這種東西。但更多人抱持同情態度，尤其陳直讀的是海德格，太符合他自己的現況了。

首先，海德格強調存在，但這種存在方式，必須先當「逃脫大師」。因為人們除了受本能影響，也會被從小所受的教育、價值觀，與社會大眾的主流思維給左右。更直接地說，人們多數時候都會有從眾心態，很少有決定或行動是純

粹發自內心、只屬於自己的。也可以理解成世界早就把劇本的主線支線都寫好了，每個人都是演員，不會想偏離劇本太多，因為這樣最安全也最輕鬆。但有時候，偏偏就是要跳脫劇本、反抗劇本，寫出自己的獨特結局，人生才有其意義。

而陳直，正是把哲學當成人生伏筆。後來靠著網路聲量，某大學提供了陳直一份編輯工作、某些教授願意替他推薦，甚至該書作者也跟他認真討論。三、四年後，他的翻譯作品《海德格爾導論》正式出版了。

從主流的幸福樣板來看，翻譯學術書籍是個「不太聰明」的選擇，很多人可能會認為，陳直應該先去找份能賺錢的工作。而且，就算作品成功出版了，陳直的人生也未從此一帆風順，依舊得為家計煩惱。但沒有人能否認，他從頭到尾都很清楚地知道，自己應該追求什麼，又可以犧牲什麼。

幸福的最佳解

那麼，有沒有什麼概念或理論，可以協助我們尋找自己要的幸福，又不至受制於規範、指導甚至教條呢？我認為有，而且不難，大致的思路是：先把幸福視為一種長期穩定的心理狀態，再把人人都會追求的主觀感受，區分為目標

感、愉悅感兩者，並進一步分析它們如何構成我們對自身幸福的認知。

直白一點來說，每個人內心都有一種主觀幸福指數（譬如1-10分），可以用來衡量你對自己人生的評價。而根據心理與行為科學系教授多倫（Paul Dolan）的《設計幸福》之說，人們對幸福的感受，可以進一步區分為愉悅感與目標感，兩者無法相互替代。所以大多數人需要在有限資源（如金錢或時間）下，找到愉悅感與目標感的最佳平衡，才能最有效率地提升幸福指數。在此思維之下，幸福是一種**「資源配置最佳化」**的問題——我們必須先搞清楚，自己更想要愉悅感或目標感，並決定花多少時間金錢在追求哪一項之上，儘管每個人可能有不同的最佳解。

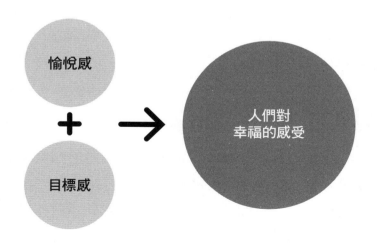

思考工具箱

資源配置最佳化

例如大考快到了,科目好多種,時間又有限,該怎麼分配呢?相信很多人曾嘗試用固定資源量、投資不同項目,來得出最大效益。更具體地說,有限的時間心力是資源,各個考科是投資項目,我們如何配置以考出最佳成績,進入理想科系?哪一科該讀最多,哪一科複習一下就好?這就是資源配置最佳化的思維。

在時間與精力有限的條件下,「幸福」也可以用同樣的概念來思考。當然,資源配置只是一種事前規劃,它並不保證執行上必定順利,或最後成績必然令人滿意,而且需要花心思去安排或測試。

　　這種觀點相對新穎,而且基本避免了過度樣板化或預設價值觀的問題,相當值得參考。其中有兩個重要的經濟學洞見:**愉悅感受「邊際遞減效應」影響,而目標感受「峰終定律」影響。**

　　簡言之,愉悅感是指短期的歡樂或滿足,這類感受的強度是隨時間流逝而漸漸降低的。譬如你很喜歡吃披薩,在咬下第一口時,愉悅感是最強的,但隨著你吃下第一片、第二片,食慾漸漸滿足後,愉悅感也會跟著削減。最後當你

再也吃不下，還繼續硬塞時，恐怕就不是愉悅，而是變成痛苦了。此乃邊際遞減效應：資源投入可以換來一定的效用，但隨著資源投入越來越多，報酬產出的效率常常會越來越差。也就是說，無論一開始有多歡樂多滿足，這類感受注定會慢慢減弱，除非你持續投入更大量的資源，但資源大多時候都相當有限。

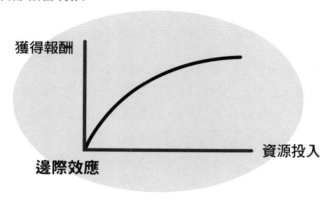

另一方面，所謂目標感，則是指長期的意義、價值或成就，而這類感受的強度，往往在終於完成某事、在辛勤耕耘總算開花結果時，才會真正達到頂峰。譬如你去登一座高山，過程可能很累很痛苦，但在終於爬到山頂、觀覽壯麗風景時，就會覺得一切的努力都值得了。這就是峰終定律：在評價一項活動時，我們不會詳細回憶整個過程，而是只看兩個時間點：

1. 是印象最深的那一刻。
2. 其二是最後結尾的那一刻。

也就是說，只要這兩個點讓你留下了良好的印象，就算整個過程不甚順利，你也會覺得整體而言不算太差。

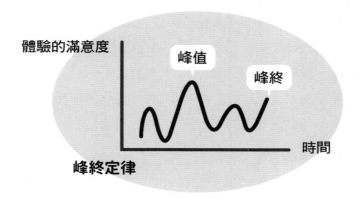

愉悅感與目標感，兩者很難相互替代，再多愉悅感也無法換得目標感，再多目標感也無法轉換成愉悅感，正因為如此，我們才必須在生活中取得兩者間的平衡。這樣的思路，**是把幸福看成一種投資結果**，再回頭研究該投資什麼最好，一般來說，多數人會投資的是權力地位、人際關係、本能滿足，或自己有特殊熱情的任何事物。我相信任何人都會追求愉悅感與目標感，儘管程度和比例多有不同，至於每個人適合投資哪幾種，那就要看大家有多了解自己所想要的

事物了。

　　談到這裡，我們可以還回過頭去看，過往那種幸福觀，為何比較強調努力、道德或成就？因為很多人到中老年時，才發現自己現在的幸福，主要來自於年輕時的投資、努力與積累。所以我們會得到一個簡易的結論：由於愉悅感的增長會隨時間遞減，或許並不需要花太多時間在「只能帶來愉悅感」的活動上；相較之下，由於目標感可維持，還能隨時間而累積更多，所以如果你行有餘力，不妨多將心力投資在某個領域上，尤其是可累積知識、技能的那種，當然，可長久維持的人際關係（友誼）、權力地位（人脈）也屬於此類。

　　大家平時也可以思考看看，自己要如何保持一定程度的愉悅感，並擁有持續可追求的目標呢？

　　根據聯合國發布的2024年《世界幸福報告》，與臺灣鄰近的亞洲國家之排名與評比分數分別如下：

國家	世界排名	評比分數（滿分10）
新加坡	第30名	6.523分
臺灣	第31名	6.503分
日本	第51名	6.060分
韓國	第52名	6.058分

　　從上表可知，臺灣的世界排名是第31名，日本、韓國則分居51、52名。臺灣的成績雖非頂尖，但也不算太差，在亞洲當中僅次於新加坡，代表社會提供了條件不錯的基本環境，進一步來說，在家庭背景、聰明才智等條件皆相同的情況下，相較於世上其他國家，個人在臺灣要追求幸福，是相對容易的事。

　　當然，有些人早就已經為幸福而付出了許多努力，只是他們未必會用幸福一詞來定義它。

📖 **延伸書單** ⋯⋯⋯⋯⋯⋯⋯⋯⋯⋯⋯⋯⋯⋯⋯⋯⋯⋯⋯⋯⋯⋯⋯⋯⋯⋯⋯⋯⋯⋯

- 丹尼爾・吉伯特（Daniel Gilbert）著，《快樂為什麼不幸福》，時報文化，2006。
- 保羅・多倫（Paul Dolan）著，《設計幸福》，今周刊，2022。

五分鐘燒腦練習

1. 你認為在其他條件基本相同的情況下,道德高尚的人必定比一般人幸福許多嗎?你這麼想,是出於哪些原因或理由?

2. 在評價一項活動時,我們不會詳細回憶整個過程,而是只用印象最深、最後結尾的這兩個點來判斷。請舉出你親身經歷過、符合這段描述的幾個例子。

3. 在了解愉悅感、目標感的差別之後,你認為自己的人生中,更應該增進哪一項?有哪些具體的做法,可以達成這件事呢?

02

人生需要愛嗎？
沒有會怎麼樣？

　　先講結論：人一定需要愛，因為這是根植於人性的需求。愛會讓人感到有歸屬，感覺世界安全與友善，認為生命並非活得苟且，而是有種強大的潛動力在帶領。

　　然而，在缺乏愛時，人會自動尋找一些不健康的替代品，使得愛的需求經常被掩蓋。俄國文豪托爾斯泰有句名言：「幸福的家庭都很相似，不幸的家庭則各有其不幸。」放到個人身上，應該也說得通──有愛的人都是相似的，缺愛的人則各有各的匱乏。

　　要把這點講清楚，可從佛洛姆（Erich Fromm）的心理學談起。簡而言之，每個嬰兒出生之後，由於身體、心理都尚未發展成熟，嬰兒還需要依賴母親，也感到自己與母親仍為一體，若照護得當，嬰兒雖然缺乏自由，卻能因此擁

有安全感與歸屬感。這類需求其實終身都存在：只要是人，就必然需要愛，來支撐個體與世界之間的穩定連結，若缺乏愛的話，固然身體能夠繼續運作下去，但可能會引發許多心理問題。

簡單來說，母愛是人最一開始感受到的連結，但隨著嬰兒長大，人會變得能夠自立自強，也遲早將脫離母親的照護與教導。這一過程被稱為**「個體化」**，意指個體逐漸脫離初始連結，開始學習當一個大人，成為掌控自己人生的個體。這是人性的自然傾向，但有件事必然緊隨其後：原本的穩定連結，是建立在母愛之上，現在既然要脫離母愛，連結也就會隨之潰散。

都市生活讓人際關係變得疏離

在過往的農村社會，由於人們往往聚集成村落，這種連結上的需求，會被熟識的親戚、鄰居或宗教所填補，由他們來提供基本的安全感與歸屬感。雖然也有人說，這種狀況不能算是完全個體化，但至少能在脫離父母之愛以後，提供大致可行的連結，滿足基本的人性需求。

不過，這狀況在人類文明邁向工業社會，人們紛紛搬

到城市裡謀生後，漸漸瓦解了。以往只要住在農村裡，穩定連結就會自然成型，也會在成年之後步入婚姻；但在城市當中，到處充斥著不認識的人、陌生的狀況，儘管人性對於穩定連結的需求仍在，卻難以自然成型。在城市裡，人們需要主動去交朋友、加入群體，變得必須去主動尋求穩定的連結，甚至連求偶也成了一項人生難題。

得到愛，已不再理所當然，有時還得經過激烈競爭，分出輸家和贏家。不像傳統社會裡，固然一切都被決定，結果也不見得比較好，但能夠保證連結穩定存在。也因為如此，工業時代以後的人類，在離家讀書或工作的期間，常會感到孤獨與焦慮，不知自己在做什麼、不曉得未來在哪裡。這一切都可以用連結不穩固、缺乏愛來解釋。

思考工具箱

價值與人性需求

愛的理解有很多種，有人說它在人類群體的延續上不可或缺，也有人從字型的角度，說愛就是一個「心」放在「受」裡面，代表用心去感受。

愛、自由、正義等價值概念，由於比較抽象，碰到是否必要之類的問題時，最好把它們和人性需求連結在一起，藉此來思考人生於世必然需要的種種元素。當

然，需求的種類、層次有很多，要用單一概念概括多少內容，就因人而異了。

人性需求是跨越時空、種族、歷史背景而存在的，但它的實現形式會因社會文化而差異很大。譬如，人類群體的延續需要愛，但每個社會文化甚至每個人，付出或感受愛的言行形式不一樣，所以我們才需要用「愛」這樣的概念來概括。

當然，由於這需求根植於人性，人們自然會去尋求解方，最理想的當然就是找到合適的朋友或伴侶，重新打造屬於自己的穩定連結。殘酷的是，由於種種因素，許多人經常屈就於有害的替代性作法，選擇逃避。按佛洛姆的觀察，常見的有害做法如下：

- 人云亦云：大眾有何行徑我就跟著做。
- 服從權威：誰看來很厲害我就跟著走。
- 利己主義：所有的一切我全都要。

其實以上三者，都只是為了暫時掩飾自己內心的空虛失落，沒有辦法讓人得到愛，更難以建立穩定連結。

也許有人會說，這有什麼不好？只要我不害人、不犯

法，生活過得去就行。當然，在崇尚自由的現代社會，人們想要對自己好或對自己壞，無人可以干涉。但事實是，許多人意識到了自己的空虛失落，卻不知該怎麼解釋，他們常會找些事來做，好讓自己「不要想那麼多有的沒的」，但十年後，才驚覺有些問題從未解決過。佛洛姆是位閱人無數的精神分析師，這是他執業以來的最大心得之一。

從此觀點出發，愛可視為一種強大的潛能，不僅可以連結周遭的人們，還能帶來自由、幸福與創造性。所以這並非獨佔的、有排他性的愛（這只能被稱為依戀），而是一種對個人、對社會都有好處的愛，這應該要能促進他人成長，而非抑制他人發展。談到這裡，有人可能會覺得很抽象，覺得這種愛似乎很難界定。的確，由於每個人提供愛的方式不太一樣，我們不容易判斷某個行為是否有愛。

如何辨別一個人心中是否有愛？

然而，要判斷某人有愛無愛，卻有一個簡便易行的標準，套用一句莊子的話「日計之而不足，歲計之而有餘」——以一天來看覺得沒什麼，一年累積下來就很多了。什麼意思呢？讓我們假想兩種人，甲總是惹人注目，擁有特別傑出的能力或成就，有時也樂於提供幫助，但長期下來，他身

邊的人卻越來越累，選擇與機會越來越少。乙看起來平平無奇，沒有特別出色的能力，有時還會「多管閒事」，但長期下來，他身邊的人發展得越來越好，選擇與機會越來越多。這是偶然嗎？還是因為後者更願意提供愛呢？

舉個更具體的例子：今天有個游擊手A，常常在場上飛撲接球，引來眾人一陣歡呼；至於游擊手B，乍看之下能力中庸，沒有什麼特別的防守美技。請問：A一定是比較優秀的球員嗎？

答案是不一定。事實上，最好的游擊手並不見得會一直飛撲，更多時候反而能快速判斷球的落點與走向，及早站到有利的位置上。當觀眾們看到他輕鬆把球收入手套，以為這球本來就打得不好，孰不知那是優秀球員才能預判到的結果。但這很難當下就看出來，必須研究長期累積下來的數據，才能正確判斷其防守效果。相較之下，常常展現美技的游擊手，防守效果不一定特別好，他可能是因為缺乏預判能力，才用身體動作去彌補。

「日計之而不足，歲計之而有餘」，指的正是這類情況。長期而言，**心中有愛的人會正確預判他人潛能，並持續去培養與觸發它**；至於缺乏愛的人，所做的事剛好相反，他們經

常會貶抑他人潛能，好用來成就自己。只要人生歷練足夠多、對人觀察夠敏銳，要發現並區分這兩種人，就不再是難事了。

　　如果你在生活周遭能尋出這兩種人，你要選擇親近誰、遠離誰呢？在這之中，誰是真正有愛，誰的內心缺乏了愛呢？如果你有相當明確的答案，相信「人生是不是一定要有愛」的問題，也就迎刃而解了。或許我們對目前感受到的愛並不滿意，因而去探問人生是否一定要有愛，這是好事，因為有疑問才有所改善。答案是我們一定需要愛，如果世上完全沒有愛，人性就難以發展，因此人生必然需要學習愛的藝術。

　　按此理解，有愛的人必然相互成就，無愛的人可能會相互消磨。所以，如果你想要得到真正的愛，請先讓自己能夠提供愛，並給予對的人。

📖 **延伸書單** ⋯⋯⋯⋯⋯⋯⋯⋯⋯⋯⋯⋯⋯⋯⋯⋯⋯⋯⋯⋯⋯⋯

- 埃里希・佛洛姆（Erich Fromm）著，《逃避自由》，木馬文化，2015。
- 埃里希・佛洛姆著，《愛的藝術》，木馬文化，2021。

五分鐘燒腦練習

1. 哪些言論、情境、人物或故事,讓你覺得有愛在其中,或充分突顯了愛?請盡量列舉並稍作解釋。

2. 你認為,在這個社會上,愛是不是一定得透過競爭、分出輸贏才能得到呢?無論是否,請說說有哪些原因或理由,使你如此想。

3. 有人說:「不相信愛的人,最終連自己也無法相信。」在你看來,佛洛姆會同意這個說法嗎?為什麼?又,你自己會同意這個說法嗎?為什麼?

03

我的熱情，
真的能夠結合工作嗎？

　　你可能也聽過一個說法：「找到自己的興趣、發揮自己的熱情，你就不用擔心找不到工作。」成功案例的確存在，但是需要某些條件來支持，讓我先分享一個真實故事。

　　高中時期，我陰錯陽差參加了「歐美文化研習社」。乍看之下很高尚，其實社團活動時間，大家都沉迷於魔法風雲會（Magic the gathering），俗稱魔法牌。它是史上最成功的卡牌交換遊戲之一，至今已發行30多年，整個產業相當成熟，也衍生出了一整個經濟文化體系。

　　最貴的單卡黑蓮花，一般要價數萬美元，也曾有以50萬美元售出的紀錄。因為保值加上後勢看漲，使得坊間有個傳言，形容這是攜鉅款跨境最好用的東西之一。疫情之前，每年會在世界各地舉辦數十場大賽，參賽人數從幾百到

幾千都有。單卡在各國有價差，加上賽場變動造成的價格波動，使得飛到世界各地進行卡牌交易，成了一門可行生意，由於市場夠大，還有人把這當股票在玩：賭某單卡會漲價，先行大量買進。

有趣的是，人們完全可以同時做這些事——打得好就當玩家，打不好就當商家，還能當網紅開直播，正職、副業任你選，自由度極高。風光的一面不少，自然也有其黑暗面：各種錯誤決策、規則漏洞、幸運時刻與作弊手法，從笑談變成記憶，從記憶變成歷史，再從歷史變成傳奇。

在當年的升學壓力下，魔法牌看似只是個微不足道的小插曲，但20年過去，許多人卻被這個遊戲，左右了人生方向。當時，很多人一升上高三，就紛紛賣牌、封牌，完全脫離社團，用功念書去了。然而，有些人儘管鄰近大考，還是會來聊聊天，更新一下近況。

回顧這段過去，高三是個分水嶺，甚至是人生轉捩點：如果連升學壓力也沒讓你徹底脫離某個興趣，代表你對它有足夠的熱情，而如今有將近一半的老成員，仍身在卡牌產業鏈，有人成了桌遊設計師，也有人去寶可夢代理商工作，更有人在臺北市中心開遊戲卡牌店。至於我，雖沒踏進這個產業，但妻子是當初在這社團認識的。

成就是無數的努力累積而來的

試想看看，若能在熱情與工作高度結合的盈利產業站穩腳步，甚至當老闆自由經營，誰還會在意當時的升學壓力或如今的學歷高低呢？

當然，這有前提條件。從朋友們的經歷來看，有人嘗試當職業玩家，也有人從個人卡牌商做起，還有人早早就去考裁判資格來主辦比賽，這些都是長期的投入與積累。後來臺灣的卡牌產業穩步成型，邁向多元化，他們不見得繼續玩魔法牌，卻懂得把同一套方法拿去經營其他卡牌。從宏觀角度來看，這是搭上了產業興起的列車，並且開啟了某種正向循環——因為長期積累而帶來機會、機會又讓人想繼續投入。那是**無數個積累加無數個選擇之下而結成的果實**，但最終總容易被歸結成：找到自己的興趣、發揮自己的熱情，你就不用擔心找不到工作。

思考工具箱

正向循環

舉個例子來說明，小明最近體重增加了不少，同學紛紛來詢問他是否變胖，讓他感到相當煩躁。在各種壓力之下，小明經常追劇、打手遊到半夜兩三點才睡，還忍不住吃炸物當宵夜。這反而讓情況越變越嚴重，

所謂的惡性或負向循環，即是種種因素交織之下，使得負面效果越來越明顯。

相反地，所謂正向循環，則是指某件事的正面效果越來越強。譬如在學習一門專業時，常有熟悉知識、技能磨練、穩定進步的過程，如果能強化某些步驟或加快循環速度，就可以收獲更多成果。

當然，從頭開始建立正向循環，是很不容易的事，但我們可以從生活當中已經存在的好習慣開始，想辦法去強化或擴大它。或者，想辦法為自身的興趣或工作，建立穩定累積成果的正向循環。

學習
技能

投入
大量努力

正向循環
的運作

穩定
進步

持續
投入心力

得到
良好回饋

相較於好成績、世俗眼光中的好科系或好職業，要把興趣結合工作其實未必輕鬆容易，它需要長期的探索，更需要契機，也需要產業趨勢的支持，而且得到充分回報的時間點，很難精準地預測。單用投資報酬率來看，可能會有長時間的不穩定甚至無法得到回報，但也可能出現超乎預期的發展。

如果希望把興趣結合工作，教育學家加德納（Howard Gardner）的**多元智能理論**，應該可以幫得上忙。加德納認為，每個人都有不同的優勢智能，如語言、空間、音樂、自省、邏輯數理、肢體動覺、人際關係等。如果能順著優勢智能而行，加上後天的努力與訓練，自然事半功倍。之所以有人說「熱情應該結合工作」，是因為熱情可能反映了某個人的優勢智能所在，而優勢智能又反映出適合他的工作領域與類型。

當然，這類思路難免遇到一種問題：應該盡早找出自己的優勢智能在哪裡，並集中心力發展它；還是嘗試多方發展，再看看能激發出什麼火花？對此，加德納就曾經表示：

我也想提醒大家，你的決定也要視孩子的家庭社經地位與發展前景而定。如果一個家庭環境優渥，家中孩子能夠學習各種才藝來發展各種智能，那麼也許就培養他成為「多才多藝」的孩子更好。相對比之下，如果是在一個環境較為貧

困的家庭，未來需要靠那個孩子來分擔家計，那麼，讓孩子盡可能有效率、有效能地培養強勢智能更具有意義。

這段話原本是講給家長聽的，但未嘗不能拿來自我檢視。很多人都覺得自己對某事、某活動有熱情，也都渴望將熱情與工作相結合，但有人經得起這樣消耗，有人則不然；有人適合這麼做，有人未必如此。

雖然我們可以努力打造一個盡可能讓更多人將熱情結合工作的社會環境，可惜這類看起來美好的願景，多半不會向所有人開啟。

你是否能成為萬中選一的人才？

在臺灣，一個常見的問題是，應該嘗試有興趣的科系，還是早早選個能賺錢的？其實興趣未必不能賺錢，這已經有不少案例可以證明，重點是你怎麼知道，自己有無潛力成為其中的一分子呢？更殘酷地說，在一個擁有民主自由、足夠開放的社會裡，人生道路可以由自己來開拓，但並不是所有人都已做好充足的準備。

也就是說，這裡有個必須先解決的問題：如何判斷自己的熱情，真的很有發展潛力，而非僅是口號或空想？

關於這個問題，首先，在《黑馬思維》一書中，作者認為我們不用執著於在同個領域比別人優秀，而是應該試圖打造最佳版本的自我，再以此累積最大的優勢。

舉個例子，電競界有個概念叫做Meta（most effective tactics available），意思是指**「最佳可行策略」**。為什麼要強調「可行」呢？因為每個選手的優劣勢不同，比如有人是攻擊型、有人是防守型。就算我們知道對於某個任務來說，進攻大致上比較好，如果此時讓防守型的人來執行，可能就會變成災難一場。據此，「可行」必然牽涉到個人在執行上的難易度。

如果把人生看成一場大型遊戲，所謂「對何事抱有熱情」，其實就是找到了你自身的最佳可行策略；而最佳版本的自己，就是讓最佳策略在手上發揮到極致。這不一定能讓你成為冠軍，但一定能讓你創造出自己的風格。也因為如此，《黑馬思維》這本書中提出了各式各樣的自我探問與測驗，來讓讀者更了解自身的熱情所在，以及如何將這份熱情應用到各種層面。

其次，請試著思考看看，你是否有認真檢驗過，自己的熱情可以對應到哪個可盈利的產業？對於這個產業的獲利

模式，你有多深的了解呢？在這個產業裡，你所擁有的獨特優勢又是什麼，有哪些養活自己的選項？在最理想的情況下，你有多少潛力可以讓自己取得什麼樣的成就？有沒有該領域的相關書籍或前輩，能給予你有利的資訊？

在此，股神巴菲特（Warren Buffett）的「25-5法則」或許可以提供你參考。

某天巴菲特的專機駕駛問他說，如果自己想在人生上有更大進展，該怎麼做才好？巴菲特是這麼回答的，你先列出人生25項想達成的目標，並圈出5項最重要的。

這位駕駛一邊做一邊想，前5項肯定要努力去做，剩下那20項就看情況了。想不到巴菲特表示，不，那20項必須努力不去做，因為很多事情必須做到非常極致才能有所收穫，如果只能做一半，還不如一開始就別做。也就是說，有很高的機率，你對那剩下20項的投入會白費心力。

這個故事的啟示是，**你的熱情必須聚焦在某些事上，才能真正把熱情和工作結合起來**。因為熱情有限，不該浪費，否則反而會一事無成。

當然，這些都需要經年累月的反覆嘗試與驗證，所以要將熱情轉化成工作絕不輕鬆，如果抱持「那個方向看起來好累，所以我選另一個試試」的想法，恐怕會讓你大失

所望。正因為如此，無論你的熱情何在，時時用上述的思維來自我檢驗，才有資格宣稱，我選了一條熱情結合工作的道路，能替自己負起責任。

📖 **延伸書單** ···

- 詹姆斯・克利爾（James Clear）著，《原子習慣》，方智，2019。
- 陶德・羅斯（Todd Rose）、奧吉・歐格斯（Ogi Ogas）著，《黑馬思維》，先覺，2019。
- 霍華德・加德納（Howard Gardner）著，《統合心智》，親子天下，2022。

五分鐘燒腦練習

- -

1. 你覺得自己有對某事物、某領域,熱情特別高昂嗎?如果有的話,曾經發生過哪些事,使你如此認為?

2. 許多人都對電子競技或卡牌遊戲懷抱某種熱情。那麼,為什麼在這些領域或產業裡,大部分人都是消費者,只有少數人能夠以此為業?請盡量列舉可能的因素。

3. 你認為,人一定要選擇自己喜歡的工作嗎?或者說,選擇喜歡的工作,才能算是一個好的人生嗎?哪些原因或理由,使你如此想?

04

想讀文組,卻擔心
這個專業無法賺錢謀生?

　　社會的主流價值觀認為,文組沒前途,理組才能賺錢。當然,我們無法否認,目前理組科系的專長比較能對應到高薪職業,譬如電資或醫科。然而,文組在社會上就真的難以謀生嗎?文組的人適合從事什麼行業,同時又能賺到足夠的錢?(這裡的文組泛指文學院、外語學院、社科學院、傳播學院、教育學院、藝術設計等等,至於法商學院則暫不討論。)

　　我這裡就不全面展開,只介紹自己比較熟悉的類別:自由接案的工作型態,並且以廣義的知識普及角度來闡述。要把這點說清楚,最好將原問題先倒過來問:哪些人願意付多少錢,給哲學或文組出身的人?更具體來說,如果我擁有文史哲方面的深入知識,或者能夠對社會、政治、文化進

行宏觀地剖析，誰會願意付錢看我寫、聽我說？

理論上，如果你能找到潛在消費者，那就只剩下如何定價或讓人付錢的問題。因此，我先把焦點放在需求面上，而非職業。比方說，我有個朋友，原本是衛浴公司的物流士，工作內容是負責運送和安裝，後來他跳槽去餐飲公司，從運送衛浴設備變成運送雞肉。表面上看，家具業和餐飲業似乎差異很大，但它們都有物流運輸的需求，只要能滿足這類需求，你就一定能找到工作。

知識普及產業的狀況也是如此。首先，知識消費存在已久，尤其近年來臺灣的講座、課程與書籍變得更豐富多元，代表有越來越多人重視知識面的需求，譬如：

- 用學院裡的概念或理論，來描述問題、蒐集資訊、比較各方觀點並尋找可能的反例。

- 看待正面事件時，會探問因果關係或形成要素；看待負面事件時，會考慮環境與制度的影響。

- 將這些思維，視為交友、擇偶或子女教育時的重要參考之一。

有知識需求端，自然就會有知識供給端，這也衍生出了一連串的工作機會，正開放給文組畢業生加入。當然，你得先展現自己「多有料」，譬如在網路上寫文章或創作，累積

一些可觀察到的實力。曾有學生問我，這類市場何時會飽和？其實我沒法給出明確答案，但只要路線選對，未來十年應該還是有充分機會的。

付錢給你的是誰？

從需求面的角度看，同樣是擁有文科知識，如果是大學付錢給你，被稱為教授；若是國高中付錢給你，被稱為老師；如果是民間企業付錢，你就叫講師；如果是出版社付錢，你就叫作家；若是網路使用者付錢，你就叫網紅。當然在不同地方，談論的主題、難易度、呈現形式與受眾群體不太一樣，但知識生產的模式大抵類似。

以我自己為例，我的「消費者」是從4歲學齡前到24歲大學生，包括國小、國中和高中，在學校、營隊或課輔班，都有我教過的學生。如果沒有受雇於任何機關單位，就是自由接案工作者，常常講師、作家或網紅身分重疊，即是我們常常聽到的「斜槓」。

以工作模式來說，自由接案的好處是不用每天通勤，多數工作都可以在家裡完成，時間也相當彈性，能挪出更多空閒來育兒、旅遊或投資理財，所以也不一定要住在大城市裡，還能省去不少隱性成本。相對地，這份工作有淡旺季之

分，必須高度自律，而且初期收入的起伏可能會非常大。

那麼，既然市場存在了，要如何知道自己適不適合以文組專長來謀生呢？想走穩這條路，前提是你的知識興趣得跨過基本門檻。由於不確定性太高，如果你的興趣不夠堅定，或者動力不夠強，很可能中途就放棄了。世上賺錢的方法很多，這不能算作是輕鬆的一種。

那門檻是什麼呢？有個指標頗具參考價值，就是**「意義危機」**（mental crisis）。具體來說，遭遇過意義危機、體驗過人生觀或價值觀快要崩潰、發現真相與自己認知的世界格格不入，而且最終可以慢慢克服它，進入心理防衛機制（Defense Mechanisms）高階段（昇華或補償）的人[1]，也許就能夠走穩知識普及之路。

> **思考工具箱**
>
> ## 心理防衛機制
>
> 鴕鳥發現自己避不開危險，就把頭埋在土裡當作沒看見；狐狸發現自己吃不到葡萄，就說葡萄太酸了不吃也無所謂；小偷害怕埋在土裡的贓物被找到，於是立個牌子寫上「此地無銀三百兩」。人類在面對難以接受、潛在有害之事時，為了減輕內心焦慮而產生的思維反應，被稱為「心理防衛機制」，而且經常是在無意

識間發生的。

心理防衛是極為正常的現象，但它延伸出的各種反應，卻好壞參半。譬如說，在面對各種挫折時，若總是慣性逃避或自欺，這顯然是心理不夠健康的表徵。但若能化壓力為動力，告訴自己「這次失敗將有助於我下次成功」或「若能避免他人再度遭殃，所受過的苦就不算白費」，將使自己越來越好、越來越堅強。

遭遇意義危機時

這裡以自由主義哲學家彌爾（John Stuart Mill）的自述為例。其父是當時英國學術圈的飽學之士，與蘇格蘭哲學家休謨（David Hume）同鄉並平等論交，偶爾還跟英國

---

1 根據佛洛依德的理論，昇華作用（Sublimation）是最健康的防衛機制，指的是將心中不符合社會規範的原始衝動或慾望，以社會可以接受的方式表達出來，例如有的人以幽默感傳達出讓人難以接受的說詞。補償作用（Compensation）則是指當一個人在某方面受挫時，他可能採取其他方式來彌補原有的缺陷，以減少不舒服的感覺，比方說一位不擅長運動的學生，用知識上的成就來填補這方面的缺點。

哲學家邊沁（Jeremy Bentham）一起渡假。彌爾從小便得到父親的全力栽培，博覽群書，並以邏輯分析為最佳的求知方法，自稱政治經濟學派，想辦法讓菁英、全民的利益達成一致，而非總是前者榨取後者。

照理講，在這樣物質不缺、知識充足的環境裡，應該能過得無憂無慮。但彌爾在20多歲時，忽然遇到了意義危機，對一切事物都失去動力。他找到的首要戰犯，就是邏輯分析。簡言之，過度的分析導致情感被拋諸腦後，因此他說：「分析的習慣對深謀遠慮和洞察力來說是有利的，但對熱情和德行來說卻是根部的蛀蟲。」

在此之前，彌爾意識到自己的快樂，是以一位讓社會國家更進步的思想家自居。只要進步所需的時間遠超過人的一生，這份快樂就不會止歇，因為距離目標還有很長一段路。有點像打遊戲時，儘管我們知道終究有破關的一天，但最好玩的往往是破關前享受遊戲的過程。

然而，當意義危機襲來後，彌爾卻開始質疑這個說法，甚至自問在社會進步完成、遊戲破關以後，就真的會讓人更快樂嗎？答案是不可能。到了後來，他還有一種「原來不是我在下決定」的恐懼：「我覺得自己好像已被科學證明是一個受過去環境支配的無能為力的奴隸，好像我的個性和所有其他人的個性都由我們控制不了的力量造成，我們對

之完全束手無策。」

最終，彌爾靠著讀詩，回憶自己到歐陸壯遊時，觀覽山川秀闊的感受，一切才慢慢好轉。之後雖然又遇到幾次類似情況，但已經沒那麼嚴重了。他也反思出一個結論，在情感（或說人生觀、價值觀等）尚未完全建立以前，受太多的分析訓練，可能適得其反。情感、分析必須並重。

不是人人都有彌爾的家世背景或聰明才智，但我們可以從中辨認出一種模式：

1. 設定角色，以推動自己持續追求知識。譬如彌爾自認，是使社會國家更為進步的思想家。

2. 保留對現有知識的懷疑，並主動尋求新的可能性，譬如彌爾遭遇了意義危機並找到了解決方案。

3. 把這一過程化成文字或任何形式，並傳播出去，幫助有相同困境的人獲得啟發。

試想，有過類似經歷的人，在智識上能否越來越進步，心理上也越來越堅強呢？

當然，意義危機是種比較極端的情況，每個人的際遇不一，不一定會走到危機的地步。但若真的經歷過這些，無論是早是晚、是長是短，是驚濤駭浪還暗流沉潛，你的思維將能突破框架，內化成真實性格，也外顯成個人風格。

就算不是工作，也有益於人生

意義危機看似偶然，但我相信它是天賦、性格、教育、經歷、自主思考等一系列因素，綜合累積起來的結果，也相信這是從事文組相關工作的重要支撐。至少在這個圈子裡，最好擁有獨一無二的看法，輔以令人心悅誠服的價值觀，並與新領域新趨勢保持連結。當然，這比較適用於自雇或自由接案者，尤其是得在市場競爭中推陳出新的人。

在這之中，意義危機或許並非必要，卻是一種利於辨認的符碼。反過來也可以說，若不曾有過類似經歷，或至少同等強度的心理動機，那知識普及工作對你來說會相當消耗，不太容易走得長久。此外，**樂於分享、善於表達、願意社交**等個人特質，也有利於知識普及的工作，但它們不是最具決定性的因素。

以上所述，比較偏重個人動機層面。在未來，如果知識普及產業更為成熟，也許該發展出一種可積累、可拓展的能力指標，使文組畢業生們更容易衡量自己大致可以做到什麼程度。

現階段我認為，文化資本的概念有助於做到這一點。簡言之，**文組訓練能增加文化資本**，讓人更有深度、更懂品味。至少我們會覺得，能分析文藝作品、史事脈絡的人，多

少具有某種優勢，就算不是在取得收入方面，也可應用在社交或擇偶上。若採取網路上的流行用詞，所謂的高文化資本，就是擁有豐富多元的文化素材，來提供實用知識與情緒價值，對自己、對伴侶、對親朋好友或對整個社會。類似的能力指標，能轉換成工作當然最好，但就算無法百分百達成，也必然有其人生上的價值。

在對工作的看法越來越多元的現代，自由接案的工作型態會為文組畢業生帶來更多彈性與可能。由於社會對知識應用的需求越來越大，無論你就讀什麼科系，或許都能考慮這樣的模式。

📖 **延伸書單** ··

- 比爾・柏內特（Bill Burnett）、戴夫・埃文斯（Dave Evans）著，《做自己的生命設計師》，大塊文化，2016。
- 約翰・彌爾（John Stuart Mill）著，《我的知識之路》，網路與書，2022。

五分鐘燒腦練習

1. 就你觀察，哪些人、事、物，譬如什麼職業、課程或書籍，可以算是「用文科知識換取金錢」？請盡量列舉，並說說你對它們有何了解。

2. 你曾經感到真相和自己認知到的世界，似乎哪裡矛盾、衝突或格格不入嗎？或者覺得這個世界一直都很好？無論哪一種，請試著說說看，哪些原因和理由使你有這類印象。

3. 就你所知，哪些名詞或理論，或網路上的流行用語，對於我們理解自己、理解社會有所幫助？請盡量列舉並詳細說明。

05

應該當一隻快樂的豬，還是痛苦的蘇格拉底？

　　哲學上有一種觀點，叫做享樂主義。簡單來說，人生的目標就是要「將快樂最大化、痛苦最小化」，而且應該以此為原則，來設計社會、政治、經濟的運行規範，所以此處的享樂主義不僅指個人，也可以著眼於社會或人類全體。

　　乍看之下，享樂主義好像很有道理，畢竟誰會主動選擇受苦呢？然而，歷史上不論東西方都存在一些反例，有人拒絕享樂，覺得捨生取義更好。比方說，蘇格拉底被控「敗壞青年、另立新神」，輿論對他其實不利。但在陪審團面前，蘇格拉底非但說自己沒有錯、不會博取同情，還理直氣壯地指出，自己之於雅典，有如牛虻之於馬匹，喚醒眾人別光忙著聚積財富，而該追求智慧與真理。經過一番辯論，陪審團中280人投票有罪、220人投票無罪，再經過一番量刑的

討論，蘇格拉底最終被判處死刑。

在量刑過程中，蘇格拉底有好幾次死裡逃生的機會，他大可選擇罰款或流放，但他偏偏不要，而是堅持自己的所作所為沒有錯，應該受到獎賞而非懲罰。最後面對死刑，蘇格拉底也沒有怨言，簡單交代後事，便從容飲毒而亡，甚至請學生幫忙獻雞給醫神，代表自己身上有些什麼被治癒了。一般而言，喜生惡死才是常態，但在審判過程中，蘇格拉底顯然理解或體驗到了什麼，才願意放棄生命。

對此，我們可做出兩種解釋：

1. 對蘇格拉底而言，正義的確勝過生命，享樂主義不總是適用，但在多數人眼裡，享樂主義才是對的，根本不用考慮捨生取義。

2. 正義或許比生命更有價值，只是由於種種因素，有些人能夠理解、願意去做，但有些人從沒體驗過。換句話說，只要理解、體驗到某種東西，人人都有可能捨生取義。

思考工具箱

普遍化

我做得到的事情，是不是大家也應該做得到？我覺得這樣做才對的事，是不是大家也應該這樣做才對？

這就是普遍化思維：認定在某人某事上適用的、已發生的東西，在其他人其他事那裡也一定可用可發生，只是先決條件不見得已經到位。

當然，並不是所有東西都可以被普遍化，尤其在強調自由多元的時代裡，這類思維有點像是把自家想法強加在他人身上。但當代的一種顯學是，一個特別成功的、特別幸福的人，他之所以能得到這些東西，其經歷必然可被普遍化、可找出關鍵因素，從而在其他人身上重現。

再舉一個更極端的案例。明朝的忠臣楊繼盛主動彈劾當朝首輔嚴嵩，歷數其「五奸十大罪」，包括貪功謊報、陷害忠良、外敵劫掠北京卻故意按兵不動等。嘉靖皇帝看了沒什麼反應，嚴嵩卻懷恨在心，找了個罪名對楊繼盛廷杖一百。明朝的廷杖是種慘烈的刑罰，當場打死的案例也不是沒有，據說楊繼盛受刑之後，在獄中替自己動手術，割下「爛肉三觔，斷筋二條」。有人送來一副蚺蛇膽，要替他緩解血毒，楊繼盛卻拒絕了。

超越死亡與痛苦的顛峰體驗

我猜很多人會想，嘉靖皇帝信任嚴嵩，楊繼盛的彈劾注定沒用，反而還要受廷杖，這人不怕死也就算了，難道也不怕痛嗎？然而，在驚訝之餘，我們也許可以進一步思考：到底是什麼東西，使得他明明知道會受刑罰，依然選擇彈劾了奸臣嚴嵩，絲毫不悔？

也就是說，一定存在著什麼理解或體驗，使蘇格拉底、楊繼盛以及古往今來做出類似選擇的人們，認為自己必須這麼做，人生才算邁向顛峰、精神上才算達到圓滿的境界。這種**顛峰體驗**（peak experience），竟能讓人超脫於肉體的死亡與痛苦，誰不想要？誰不想了解？

當然，這不代表大家都得用死亡或痛苦去交換顛峰體驗，沒痛苦自然是最好的。可能早有人透過其他方式來獲得類似的體驗，只是旁人看不出來或不太相信，因為缺乏外顯的死亡或痛苦來印證。如同愛情小說的某種情節一樣，有些人覺得主角在危急時刻選擇先保護誰，才能分辨得出來他真正愛的是誰；對旁人而言，那種顛峰體驗，常常也需要在激烈衝突或極限操作下，才能看得出來。

所以，我們更應該思考的是，顛峰體驗怎麼來的？由哪些因素構成？有沒有辦法避開一切副作用，直接獲得顛峰

體驗？透過這樣的思路，應該就容易了解，為什麼哲人們不太會選擇當快樂的豬，而是要嘗試成為痛苦的蘇格拉底，或者說，快樂當然多多益善，但顛峰體驗也許才是人生意義之所在。

有人可能會覺得，這裡談的顛峰體驗，似乎很接近正向心理學所說的**心流**（flow）。這個狀態常見於運動員或各式技藝者身上，讓人處於極度專注、時間感消逝、忘我地投入其中，甚至能自動運轉的狀態，人能夠從中體會到愉悅、滿意、成就感等。如同人們形容的「沉浸其中」或「廢寢忘食」，原則上只要心理、生理、環境等基本條件到位，大家或多或少都可以感受到。

然而，蘇格拉底、楊繼盛的案例，卻不是心流所能夠完全描述的。因為他們的毅然決然、勇往直前，背後有強大的道德信念支撐，而且絲毫不因死亡、痛苦等代價而退縮。更具體地說，兩人都對政治環境抱有很高期望，並以道德理想的守護者自居。為了使這份信念能夠跨越時空延續下去，他們可以接受死亡與痛苦，甚至可以說，死亡與痛苦更加證明了他們堅守的信念多麼有價值。

從海德格的「本真」省思生涯規劃

正因如此，我所說的顛峰體驗，更接近於哲學家海德格說的本真（Authenticity）。簡單來說，大部分人都接受了生活周遭的明言暗示，別人怎麼講我就怎麼做，如果能藉此得到主流認同，就可以既省力又得到預期的結果，不太可能出現意外。但這同時也代表著，人的思維言行是被社會文化的既有模式所決定的，偏離不了太多。然而，想獲得顛峰體驗，恰恰得先擺脫這種隨波逐流的習慣，**主動解除社會文化的束縛，在迎接隨機與冒險的情況下，重新打造出自己的精神與風格**。聽起來抽象，但的確有些案例，是人在遭逢劇變或死裡逃生，經過一番內心掙扎之後，才發現自己已經脫胎換骨，所重視或輕視的東西都變得不一樣了。

進一步來說，人在面臨極端情境、極端選擇、極端焦慮孤寂時，沒有外在的語言想法可供參考，也沒有辦法人云亦云、言聽計從。這時，他的命運反而全部掌握在自己手中，因為他必須從頭到尾，重新建立一套自己深信的觀點，成敗全由自己承擔。事實上，很多人會主動逃避極端情境，但只要過了這一關，人就會感受到前所未有的自由，此即德國哲人尼采（Friedrich Nietzsche）所言：「凡殺不死我的，必然使我更強大。」

別人看蘇格拉底、看楊繼盛覺得痛苦，但也許他們卻甘之如飴。這樣的顛峰體驗，很難用「快樂」一詞來描述，因為這不是人人都能理解，也難以教導或傳授他人。所以到最後，就會取決於你是否能夠相信——如果一個人相信自己能得到顛峰體驗，那當然可以選擇成為痛苦的蘇格拉底；如果不相信，當快樂的豬自然最好。

當然，要相信顛峰體驗，你可能得先有初步感受，才會想要進一步追求。由於每個人際遇不同，有人感受較早、有人感受較晚，也有人終其一生無緣體驗到。只能說，願意嘗試新事物、接受新挑戰，並且有強大的道德信念或政治理想來支撐者，更有可能得到顛峰體驗。

由此我們可以知道，顛峰體驗會帶來強大的動力與意義感。如果你已有過某種顛峰體驗，也許可試著選擇利於這類體驗產生的環境，或者進行利於這類體驗重複出現的生涯規劃。

📖 延伸書單 ....

- 布萊德‧史托伯格（Brad Stulberg）、史蒂夫‧麥格尼斯（Steve Magness）著，《一流的人如何保持顛峰》，天下雜誌，2019。
- 布萊德‧史托伯格、史蒂夫‧麥格尼斯著，《一流的人如何駕馭自我》，樂金文化，2022。

五分鐘燒腦練習

1. 「人生目的就是要將快樂最大化、痛苦最小化。」你同意這個說法嗎?是出於哪些原因或理由?又,政府應該協助人民做到這一點嗎?為什麼?

2. 人在遭逢劇變、死裡逃生之後,有時會發現:自己重視或輕視的東西,都變得不一樣了。你認為,這可能是由哪些因素所造成的?請盡量列舉。

3. 在你看來,顛峰體驗是不是大部分人都想追求的?無論是否,請說說哪些原因或理由,使你這麼想。

06

金錢可以買得到快樂嗎？

　　人生有沒有可能在沒有金錢的情況下，去追求幸福快樂？這是個歷久不衰的話題。一直以來，社會上盛傳著某個道理：「金錢不是萬能，但沒錢則萬萬不能」，好像在說追求金錢絕不會出錯。然而，大家可能忽略了一點，儘管擁有的財富越多，選擇看似也越多，但它不見得能幫助你找出最好的選擇。

　　比方說，從一些案例中可以看到，中彩券頭獎的人不見得過得特別快樂，甚至可能在揮霍殆盡後，心境變得更悲涼。主要是因為人生的時間、心力皆是有限的，如果無法妥善管理金錢，甚至因此虛擲光陰，等到資源用盡，才發現一切都得從零開始。所以，就算追求金錢不可避免，如何適當理財與花用，以轉換成可持續的快樂體驗，也同等重要。

快樂程度必然與財富增長成正比嗎？

從另一個方面來看，可能有些人已經注意到了，人的快樂程度會受到人我之間的比較所影響，這就是所謂的「相對剝奪感」。《快樂經濟學》一書中的研究顯示：「如果你身邊每個人的收入多增加1%，你的快樂就會減少三分之一；同樣地，如果你的收入增加1%，你的快樂也會依此比例增加三分之一。所以，如果每個人的收入都提高，你的快樂也會跟著提高，不過會比只有你自己的收入提高的快樂少了三分之二。」

這數字不見得適用於所有情況，但已足以看出，就算「用金錢買到快樂」對個人而言可以成立，「讓更多人有更多金錢買到快樂」的思路也值得質疑。尤其是，若你想要從比較之後的優越感當中，來獲得更多的快樂，這多半不是好方法。因為世上有成就、有權力、有金錢的人太多了，若無限制地比較下去，你獲得的空虛可能更多於快樂。

除此之外，《如果人生重啟》一書，訪問了1000多位貧富不一的長者，發現他們在回顧一生時，沒人提到應該把追求金錢放在最優先的順位，也沒有人表示要用薪水高

低來選擇工作。如果給他們一次重來的機會，他們不打算那樣選，也不會建議別人那樣做。當然有人會說，這不代表金錢效果有限。的確我也認為，這類研究揭示的，是因為在老中青不同的人生階段，大家所需事物的順位會改變。

　　整體而言，青壯年的生活模式尚未定型，選擇空間還很大，需要累積各式資本，為居住、成家或教養等事情做準備。也因為如此，**追求金錢不一定是為了物質享受，而是消除不安全感，同時解鎖更多、更好的選擇**。中老年之後，由於生活模式基本定型，倘若已建構出收支與體驗的平衡，加上未來的預期變化不大，金錢的意義或許只代表了帳戶數字的增減。或者可以說，預防損失變得比獲取某些資源更為重要，尤其人生的種種失去，有時根本無法以金錢買回，譬如與摯友絕交或親人意外去世。

　　據此，金錢可以為青年人買來各種夢想，或冒險的機會，但老年人求的通常是安穩。這也就是為什麼，老年人常說錢買不到幸福，而年輕人往往半信半疑。

思考工具箱

格言的適用性
書上或網路上，常能看到這類格言：「吃得苦中苦，

方為人上人」、「生氣就是拿別人做錯的事來懲罰自己」。有人說這揭示了人生大道理，也有人嗤之以鼻，總要找些案例來反駁。譬如工作很努力很辛苦，卻仍被人詐騙倒債；因壞人做壞事而生氣是理所當然，要不然是該放任他們嗎？

不難看出，這類簡短易懂、指導性強的格言，儘管是有意義的經驗總結，但也常能找出詭異的地方。所以，格言比較像是一種思考工具，而工具便會衍生出好不好用的問題。

當我們一看到這類格言，最好先想想：它特別適用／不適用於哪些人、哪些情境，甚至哪些社會文化。世上格言百百種，找出跟自己有緣或對頻的，並主動思考如何延伸，才算真正善用它們。

　　尤其是，的確有人清心寡欲或很快度過摸索期的發展階段，直接瞄準自己最有天賦、最有興趣的事物。這樣一來，金錢對他們來說只要夠用即可，並不會成為帶來快樂的主要根源。

　　有個著名案例是古希臘犬儒學派的哲學家第歐根尼（Diogenes），據說他的財產，只有木桶、長布與麵包袋而

已，卻宣稱自己很快樂。亞歷山大大帝知道了，親自去問他到底想要什麼，並保證替他實現。這位君王可能是想測試，此人是否真的再無所求，而第歐根尼只淡淡回了一句：「我希望你閃開一點，別擋住我的陽光。」亞歷山大大帝於是感嘆，若自己不當君王，願當木桶哲學家。

財富自由的真正涵義

當然，我們都是凡人，不太可能清心寡欲到那種地步，所以金錢確實有用，但其用處在於如何把有限金錢轉換成更佳的選擇與快樂的體驗。也就是說，金錢能否買到快樂，是高度仰賴當下情況的，不同人身處的環境、脈絡或階段各異，對此觀點的答案也相去甚遠，我們得想辦法悟出自己的見解。

這就不得不提到，近年來所流行一個詞語：財富自由。常見的形容，是任何消費都不用考慮價錢的狀態，想花就花、想買就買；但從較為務實的角度看，是被動收入超過日常開銷，使得追求金錢在你的行動順位上大幅降低。無疑地，財富自由是個值得追求的事，你完全可以追求自己喜歡的物質，不用整天為了生計而疲於奔命，也會有充裕的時間心力來嘗試各種可能性。簡言之，**財富自由在某種程度上可**

以為人生帶來自由。

因此，相較於探問金錢是否能買到快樂，問自己如何才能達到自由，也許更為精確與實用。對此，坊間已經有許多相關書籍或文章，這裡我只提供相當基本的一點，請從現在開始慢慢累積相關知識，並觀察成功案例做對了什麼，失敗案例做錯了什麼，又能否適用於自己。如此一來，你才能意識到哪些選擇更好，甚至創造出更好的選擇。

此外，我們還可以試著找出，自己人生的滿足感，主要來自於哪裡。有些人是成就型，必須在某個領域裡得到獎項或高名次，他才會覺得這一生是值得的；也有些人是家族型，必須和家人或親戚有緊密連結，才會感到人生至樂就在自己身邊；更有些人是交際型，只要開個小店，經常和朋友、熟客聚會互動，就可帶來極大的滿足感。當然，這樣的類別還能更加細分，但我想說的重點是，投資在自己最有感的項目上，才能最有效率地把金錢轉換成可持續下去的快樂。

有個讓人學習投資理財的桌上型遊戲「財富流」，玩家在遊戲初期必須積極開源節流，但達到財富自由後，你會進入積極實現夢想、避免重大意外的階段，積聚金錢不再是首要考量。

當然，每個人的際遇不一，即使無法達到財富自由，也

希望大家記住：善用金錢跟賺取金錢同等重要，我們總是可以嘗試超越金錢的限制來找到快樂，甚至在物質世界以外，也擁有令自己開心的人事物。而且隨著年紀增長，可能就越需要學著這麼做。

📖 **延伸書單** ···

- 理查·萊亞德（Richard Layard）著，《快樂經濟學》，經濟新潮社，2006。
- 卡爾·皮勒摩（Karl Pillemer）著，《如果人生重啟》，商周，2023。

五分鐘燒腦練習

- - - - - - - - -

1. 哪些狀況會使人們特別認為，沒錢萬萬不能？又，哪種人會特別覺得賺錢最重要？請盡量列舉。

2. 你認為，哪些狀況屬於「金錢最終帶來悲劇」？請舉出幾個案例，並寫下幾項可能的方法，來避免類似悲劇的發生。

3. 你同意金錢是人生前三重要的事物嗎？哪些原因或理由，使你這麼想？你認為跟你同齡的人們，會同意金錢是前三重要的事物嗎？

07

我想活得佛系一點，
有什麼不可以？

　　十多年前日本出現某種有趣詞彙──草食男、草食女，描述這族群的人在工作、戀愛與人生上，一概抱以「這樣就好」、「何必強求」的態度，如同動物不顧周遭，只管低頭吃草。有人認為這是一種消極抵抗，也有人宣稱是自得其樂。

　　值得注意的是，這並非特例。事實上，近來出現的「佛系」、「躺平」，乃至於英語圈的「哥布林模式」，都指向安於現狀、拒絕社會規範或期待的生活態度。網路上常講的厭世、耍廢、我就爛、不想努力了，也大致屬之。當然，也有些人會用貶低的方式來指稱這類現象，如草莓族、抗壓性低，甚至只想收穫卻不肯努力。但從客觀的角度來看，這些流行用語反映出了同一種社會趨勢，或隱含了類似的認知，包含：成功不容易取得、付出越來越難得到相應的回報。

有新聞報導以**「最低限度努力」**來概括年輕世代的這類心態。這個詞相當值得分析，因為它顯示出「努力有上下限可言」，而有些事我們只會做到滿足最低限度。以下將稱此為「低限努力原則」，並討論它的適用範圍。

看到此原則，大家會直覺聯想到什麼呢？是否讓你特別有共鳴呢？關於這點，我蒐集了一些說法，像是：

- 夠用就好，不必太勤勞。
- 競爭太過激烈，何必付出太多努力？
- 對未來不抱多大的期望。
- 嘗試某事之後就發現自己不太擅長。
- 風險與不確定感太高。
- 反正再努力也不可能買得起房子。
- 選項太多，不可能總是盡全力。

幾十年前人們還認為，不是所有事都付出最低限度的努力就好，譬如讀書、工作與戀愛都有其競爭性質，不僅得奮發向上，還必須盡早開始準備，因為競賽可不能輸在起跑點。至於低限努力原則，通常適用於那些值得去做但不太需要爭奪勝利的事物，比方說，運動是為了維持體態，只要能定期鍛鍊、達到基本成效就好，不是每個人都要練成明顯的

肌肉或參加健美比賽。

可是如今，「低限努力」的現象卻越來越流行，幾乎成了一套全新的價值觀或人生觀。

低限努力原則的好處

有些時候，策略性、選擇性的低限努力確實有其必要，因為我們很難在一切事務上都全力以赴。也因為如此，保持好奇心、保留選擇權、避免壓力太大而過於勞累等都是這原則的優點。按照此思維，我們應該主動意識到並發展出「判斷什麼東西該低限努力、什麼則否」的一套做法。譬如我看了這本書覺得很有趣，那就再多找找類似主題的書籍來閱讀，如果願意繼續下去，長期下來便能慢慢積累出知識量，並開拓出新的可能性。

但如果已經習慣「低限努力」，也就是在大多數事務上或新領域、新環境裡，都只願付出最低限度的努力，這很可能導致一種結果：更難主動學習新知，或者一旦遇到困難便更容易放棄。

我就遇過一位大學生這麼說過：「現在這種資訊爆炸的時代，很多事情在網路上就能學到了，為什麼在課堂上還

要學習？所以在上課時不需要太用功，到了考前再看個影片惡補一下就好。短時間內有這麼多事情要做，所以有做就好了，何必那麼努力？」

簡言之，「網路很方便，時間很有限，上課沒啥用，出事再來變」。這幾個部分，都可以單獨拿出來討論，但當它們相互結合並彼此強化時，便成了網路世代的人生新法則。

理論上，大學課程是希望同學們拓展知識領域、強化自主學習，但在節奏快、事務繁多的生活步調下，這些看不到立即好處的課程，並沒有被學生投以太多的心力，反正等真正有需要時，再去網路上找相關資源就好。

從大學講師的角度來看，這或許不是個好現象。學習人文或社科知識的重要目的之一，是協助我們把人生事項規劃地更好，或說盡可能預防風險發生，但「低限努力原則」卻強烈暗示人們，等到事情發生再處理也不遲。正因為如此，無論課程內容再豐富、應用方式再多樣，**只要無法提供立即可見的好處，或避免相當嚴重的壞處，大家通常不會主動關注。**

思考工具箱

群體行事原則

如同從這世代的年輕身上看到了「低限努力」、「活得很佛系」等現象，做社會觀察時，我們通常可以歸納出一種公式——有某些人總是按照某種原則生活，導致大家對他們有類似的觀感或評價。比方說，人們對理工男或追星女的看法，多數時候會來自於他們喜歡說什麼、做哪些事。

舉個例子來說，理工男特別強調邏輯分析、常常專注於解決問題；而追星女追求各式各樣的儀式感、比較專注於群體互動等。有了這樣的理解，就可以進一步推測，他們在不同場景如職場、旅遊、家庭聚餐時，各自會有哪些心態或言行，或可能造成哪些狀況。日常生活的很多事情，都可以這樣去分析，人們也因此發明了許多描述群體的字詞，譬如媽寶或狂粉等。

當然，行事原則可以歸納出好幾種，也常出現變型版本。但必須靈活看待，以免強化了不恰當的刻板印象。

如何分配資源的掙扎

當然，低限努力的現象到底多普遍，其實很難判斷。很

可能有人會說，年輕人還是有做出某些努力，或中老年人也不乏這種低限努力者，只是困於薪水低、房價高等狀況，才不得不然。

也就是說，大部分被看成低限努力的狀況，多半是為了在某些地方全力以赴。再加上競爭激烈、獎勵降低等因素，使得努力程度就算沒有減少太多，但相較於過往，努力的過程更難被發現與關注，一時的成功也可能會被歸因於運氣好、時機點正確等等。

最有趣的是，正反雙方的想法也許並沒有互斥，而是觀察到了整個趨勢的不同階段。2023年萬聖節時，臺大學生們舉辦了集體扮成垃圾的活動，其中一句標語是：「小學的我們詆毀垃圾，中學的我們理解垃圾，大學的我們成為垃圾。」這隱隱反映出，無論是否同意「年輕世代＝低限努力」，大致上人們都感到──獲取世俗認可的成就越來越難，或是路途越來越遙遠，於是有人說服自己持續努力，也有人漸漸放棄了。

所以，「活得佛系一點有什麼不好」的觀點，或許比想像中普遍，甚至越來越理所當然。這當然沒有什麼不可以，也並非是外力所能夠阻止的，畢竟人生態度是每個人自己的選擇，無論父母、師長或老闆都難以強迫他人付出更多努力。大家**眼前的一切都是各種選擇疊加而來的結果**，只是

隨著年歲漸長，這樣的感受會越來越明顯，人與人之間的生活差距也會越來越大。到頭來，人人都要為自己的選擇勇敢承擔。

📖 **延伸書單** ···

- 珍·特溫格（Jean Twenge）著，《i世代報告》，大家，2020。
- 馬克·湯瑪斯（Mark Thomas）著，《下流世代：我們注定比父母更貧窮》，商周，2020。

五分鐘燒腦練習

- - - - - - - - - - - - - - - - - - - -

1. 哪些情況下，人們會覺得活得佛系很合理？請舉例並說說為什麼。又，哪些情況下，人們會覺得那麼佛系不太合理？請舉例並說說為什麼。

2. 「網路很方便，時間很有限，上課沒啥用，出事再來變。」考慮到我們生活的整體環境，你認為這種想法是好是壞？人若一直如此生活，他可能會變成什麼樣？

3. 如果我們很難在一切事務上都全力以赴，那要怎麼判斷出哪些事情該投入更多時間心力呢？請試著舉出你目前正在做的幾件事，再列出你所投入的時間比例，並想想看影響你如此規劃的原因是什麼。

08

為什麼要付出不求回報，
有任何好處嗎？

　　長期來看，「施恩不求回報」對社會整體成員有益，因為它反映了社會當中信任合作的程度，人們越願意相信彼此且互助，越可能增加整體利益。舉個例子來說，如果大多數人撿到手機都會歸還失主，而且不求任何回報，這個社會就比較容易形成互相幫助的正向循環。

　　但如果你只關心自己，這件事可能就無關緊要了，因為這種整體利益，不一定會直接分配到你身上。換個角度來說，**不求回報的人越多，你成為受益者的機率也就越高，但沒有人能保證這必定會發生**。比方說，儘管這社會的人大多會物歸原主，但不保證你掉了手機必定能找回來。

　　在這層意義下，不求回報的人在付出時，或許也會預期得到某種報酬，但他預期的報酬不是給予自己，而是希望能

回饋給社會上的任何一人。我們可以把它理解成一種**互惠銀行**的概念：有人不停地把恩惠貨幣存入整個社會，而社會不定期把利息分發給某些人。只要夠多人這麼做，雖然受益者不見得是你，但可以合理預期到你的親友、後代或認識的人都有可能從中得到好處。至少只要多數人認為，在同個社會裡未曾謀面者基本上都是好人，彼此花在猜疑防範的心力就會減少許多。

信奉互惠原則的社會，幸福程度較高

政治學家普特南（Robert Putnam），就強調了「普遍互惠原則」的好處。它的意思大約是說：就算我不認識你，也明知沒有立竿見影的回報，我依然會幫助你。因為我相信有一天，你或其他人也會願意幫助我。這不只是道德原則，而有切切實實的好處在其中，普特南就直截了當地指出：

在人們能互相信任並值得互信的地方，以及在社會成員的互動可以重複或複製的地方，日常的商業和社會交往的成本將會大大降低。沒有必要花費時間和金錢來確保人們維持既定的安排，是在他們放棄的情況下就對他們進行懲處。

他甚至引用了一些研究，指出一個相互信任的社會裡，人們可以更好地戰勝各種疾病。

　　先秦時期也有個典故。楚王到雲夢大澤去打獵，回程時發現一把良弓不見了，大家連忙想去找。結果楚王說不用了，因為楚人掉了弓，總會由楚人撿到，既然都是楚國人，又何必計較？這種態度看似不錯，也符合普遍互惠的想法，但後世卻大多覺得，孔子的評論更好，他認為：「應該說有人掉了弓，總有人會撿到，何必侷限於楚國人呢？」

　　這突顯出了一個重點，即**互惠原則有其適用的範圍大小以及對象**。楚王雖然樂意施惠給隨機一個楚國人，但不代表他願意施惠給其他國的人；相較之下，孔子則心胸寬闊許多。由此可以看出，相信互惠原則的人，可能比我們想像中更常見，差別在於每個人認定的適用範圍不一樣。有人只和親朋好友保持互惠，有人願意和講同樣語言的人互惠，也有人認為全體人類都應該互惠，甚至在某些宗教文化裡，植物、動物都是可能的互惠對象。

　　當然，有人可能會說：「我顧自己都來不及了，哪裡還有辦法做好事不求回報？」至少在我們的討論脈絡裡，互惠原則是象徵社會變得更好、更安定的重要指標，但對個人而言，這不是一種強制性的義務，有做固然很好，沒做也不代表你是壞人。

義務／超義務

所謂道德義務，是道德上指無論如何都必須做的事，其中一種形式是，若不用耗費多少成本就能拯救人命，每個人都應該去做。譬如有人車禍重傷瀕死，多數人普遍認為此時應該主動協助，至少幫忙叫個救護車。當然，人們也可以選擇不做，但在道德義務的層面上，若你不做的話可能會受到大家批評與譴責。

當然，有些善事並非強制性的，不做也完全沒問題，例如震災捐款或愛心志工，這種類型則被稱為超義務行為。儘管大部分人內心有義務、超義務的分野，但界線在哪裡有時並不明確，像是也有人主張，富裕階層的人有義務每年捐出總收入的10%來回饋給社會。

從互惠原則到有效利他主義

說了這麼多，互惠原則看似很不錯，可惜的是，它有時會被用來滿足私利。大家可能多少聽說過，有些人喜歡以此為藉口，要求大家提供自己想要的好處：「付出不是為了求回報，你就別計較那麼多了！」「你就當作做了一件好事吧。」這其實類似於哲學家所謂的**道德勒索**，也就是挾互助

互惠之名，行自私自利之實。通常，普遍互惠原則的對象是群體裡的所有成員，如果你發現自己的不求回報，總是在讓特定幾個人得利，最好考量一下是否要繼續。

　　另有一種情況，則是好人的善心被自私的人所利用。每當發生重大災禍如地震、颱風或洪水時，就會有一些慈善團體呼籲大家踴躍捐款，打著這樣的口號：「一定會將資源送到災民手上，做最有效率的運用。」遺憾的是，這並不總是為真──大部分樂意捐款的人，通常都抱持著「做好事不求回報」的心態，自然也就不太會去監督後續，包含這些慈善團體到底是在做好事，還是把錢財收入自己的口袋。甚至，在人們批評某某組織斂財，捐款者若沒有分辨清楚可能會圖利到某些自私人士時，「付出應不求回報」還會被拿出來當作藉口，勸告大家「要捐款就別計較那麼多」。

　　讀到這裡你可能會想，我們是否需要另一種更符合這個時代的行善方式？事實上，上述的這類情況比想像中嚴重，乃至於哲學家辛格（Peter Singer）在21世紀發起了**有效利他主義**（Effective Altruism）。他認為：

　　這種基於證據的慈善捐款方式，是一場新興的國際運動。支持者不只滿足於讓世界變好，還想要利用他們的天賦和資源，盡最大努力，把世界變得更好。思考將你的時間與金錢投入哪些領域，會提供最正面的影響。

辛格指出，有效利他主義者能夠透過理性分析、衡量各方狀況，以確保手中的資源能夠發揮最大的效益，而且越有效率越好。這也意味著，某些人若只基於互惠原則去捐款，不見得能發揮到真正的效果，因為這種「無效利他行為」已經重複太多次，甚至到了應該阻止的地步。基於這個原因，辛格的幾位學生設計出一種解決方式：**創立監督網站，每年公布各大慈善組織的優劣評比，並有堅實的數據分析來支持。**

總結來說，付出不求回報，原則上是件好事，因為它能促進全體成員的信任與合作，使群體或社會變得更好。但在具體實行上，也該時時反思自己的互惠選擇，是否真有助於信任效果的積累，還是經常被有心人士所刻意利用。

📖 延伸書單 ⋯⋯⋯⋯⋯⋯⋯⋯⋯⋯⋯⋯⋯⋯⋯⋯⋯⋯⋯⋯⋯⋯⋯

▪ 羅伯特・普特南（Robert Putnam）著，《獨自打保齡》，北京大學，2011（簡體）。
▪ 彼得・辛格（Peter Singer）著，《真實世界的倫理課》，大塊文化，2019。

五分鐘燒腦練習

1. 在一個更好的社會裡，你會期待看到哪些事發生？除了失物更容易歸原主以外，請再舉幾個例子，並盡量詳細說明。

2. 什麼是「挾互助互惠之名，行自私自利之實」？請解釋並舉例說明，並說說為什麼這是一件壞事。

3. 楚王和孔子都認為，良弓掉了並不需要刻意去找，但兩人的理由不太一樣。你認為，相較於楚王說「楚人遺弓、楚人得之」，孔子說的「人遺弓、人得之」真的有比較好嗎？哪些原因和理由，使你如此想？

chapter 2

關於
社會運作

在現實的枷鎖裡發揮個人的極限

要成為一名好的體育選手，必須先搞懂規則如何運作；同樣地，要成為一名適應良好的社會成員，也需要先理解現實如何運作。這不代表每個人都必然會順風順水、功成名就。但要在社會上生存，獲取應該有的資源或機會，你必然需要學習與其他人互動地更好，這就需要對社會環境有一定的了解與思考。

當然，我們也可以選擇人云亦云、跟隨主流，這固然也是一種生活方式。但我相信，大部分人的內心，都渴望能夠主導自己的人生劇本，並非一開始就想要把選擇權交給別人。每個人都值得當自己的主角，但

這需要努力，更需要有眼界。

《老子》裡有一句話說到：「合抱之木，生於毫末；九層之臺，起於累土；千里之行，始於足下。」許多成就，都是從不起眼的地方開始積累。世間之事，有的是平淡之中求進步，有的是刺激過後了無痕。我相信任何想要主導自我人生者，都必須有意識地去思考，哪些事情可以幫助自己平淡之中求進步，哪些則是刺激過後了無痕。

希望本章的問題思考，可以進一步幫助各位達到這樣的境界。

09

所謂大學,
該不該是職業訓練所?

　　每當有人主張,大學課程應該更有利於學生就業、要做出更多改革時,常會出現「大學不是職業訓練所」的聲音。這種反駁合理嗎?

　　先從學用落差[1]開始談起。整體而言,現代大學有著學術研究的功能,這使各個學科能夠持續進步,長期下來對國家社會有益。但對許多學生來說,上大學是為了找到更好的工作、創造更理想的人生,學科進步並不是他們最為關心的。這樣的狀況,使得學院知識與工作技能,一開始就不見得一致,更直白地說,許多學術研究的專門知識,出社會後不一定用得到。

　　當然有人會說「你用不到,不代表別人也用不到」;或

是「你現在用不到，不代表將來也用不到」。這種可能性確實存在，但我們應該為這類可能性，付出多少時間心力呢？

從歷史沿革來看，大學的確不是為了保證就業而生，但由於有越來越多人希望藉著高學歷換來好工作，加上經費、招生等壓力，校方就經常會宣稱，大學課程既是深入研究的預備，也能培養實用技能，如資訊彙整、問題解決能力等，並強調大學可以同時做到這兩點。這在某種程度上是事實，但學用落差的現象卻沒有因此消失。

對企業來說，學歷是什麼？

隨著社會風氣越來越開放，許多人開始思考：「我能不能跳過讀大學拿學歷這件事，直接踏入我想要的職業呢？這樣不是更方便嗎？」我們可以觀察到的是，如今就讀大學的門檻已經降低許多，仍有許多人願意花這些時間和金錢競爭考取更好的學校，或許這代表了大眾願意相信投資教育有利於未來就業與發展，甚至可以說，高學歷仍是幫助學生找到好工作的重要前提。

---

1 指年輕人在離開學校之後，無法在工作崗位上應用自己所學到的知識和技能。

有人可能覺得奇怪,既然大學課程對職場的幫助似乎有限,為什麼高學歷仍有優勢?某個多數人同意的答案是,各企業在徵才時,仍優先錄取高學歷者,因為高學歷會給人一種「這個人很認真努力」的信號。如果他在學業上認真努力,在工作上應該也是如此,無論學業領域跟工作內容之間有無直接關係。

　　信號理論(Signaling Theory)是由史賓賽(Michael Spence)首先提出,他也因此於2001年獲得諾貝爾經濟學獎。簡單來說,企業其實並不確定哪些人會成為最佳員工,但學歷卻是重要的判斷指標之一──你既然肯努力好幾年修課拿學位,也應該會努力工作拚績效,而非當個薪水小偷。套句網路上的戲言:「學歷可以用來證明你耐操。」

　　幾十年來,這套機制運行得還不錯,雖然大學時學到的專門知識,出社會後經常被遺忘,但確實有些能力,會內化成我們的思維與行動。也就是說,學用落差仍舊存在,但還在大眾可忍受的範圍內。或說一般人依然認為,學歷是對未來的一種好投資。

　　遺憾的是,大學課程越來越難兼顧研究預備、實用技能這兩者。實用技能正在快速走向精緻化與專門化,過去

那些泛用性高的技能已不足以支持求職或創業所需。或者說，在網路媒體、AI科技盛行的時代，人們對「應用」的需求與要求越來越高。比方說，新聞學能力可否妥善運用在自媒體經營上？當然不是完全無用，但我們似乎也很難推斷新聞系出身的人，在自媒體經營上是否特別有優勢。

由於網路出現，知識模式也有了改變

不僅如此，我自己在教通識課程時，發現部分學生抱持著一種「網路萬用觀」，嚴重腐蝕了人們對大學的認知：「網路就能學到的，為什麼課堂還要學？出事再來用網路找解法就好，根本不必先記在腦子裡。」這強烈暗示了，對某些學生來說，各式網路影片或課程足以替代大學的教育功能，所以課堂學習或許沒那麼重要，只要能取得學位證書就好。

總結來說，當人們獲取與應用知識的主要管道，大規模地從學院轉向網路，而學院端又缺乏誘因或資源（師資、薪資、制度設計等）來改善這一切時，眾人眼中的大學地位，便自然而然走向衰敗了。至少在教學功能上是如此。

基於以上種種原因，才使得有人主張，大學課程應該更有利於學生就業。當然也有人認為，大學終究必須跟學術

研究有所連結，而且學位證書的價值不宜和網路課程相互比較。如果有人認為網路課程更實用，那是個人自由，不代表大專院校應該主動做出什麼改變。

如果只考慮學用落差，這類論點或許很有道理，因為學生是自己選擇報考的科系，他應該早就知道學用落差多少存在，或說大學本來就沒有保障就業。但這裡還有一個更深層的問題：大學是否應該肩負階級流動的功能？是否應該要讓有能力、肯努力的人，更有機會在社會上發光發熱呢？如果是，那至少得把學用落差控制在一個範圍內，並密切注意新趨勢、新產業才對。

「大學並非職業訓練所」之類的說法，強調學術研究才是重點，認為大學是為了培養研究人才而生。然而，若我們贊同一個好的社會應該**促進階級流動**，相信受過良好大學教育的學生應該獲取更高、更穩定的平均薪資，相信階級**翻轉**應該更容易發生，那麼畢業出路當然是重要考量之一。

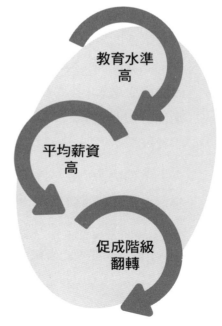

階級複製

英國廣播公司曾找來一群七歲的孩子，每七年拍攝一次他們的生活，最後完成了名為《56UP》的紀錄片。同樣是天真可愛的七歲時期，有人每天研究財經與投資，有人計畫找份好工作，也有人煩惱下次見到父親是何時。

你可能猜到了：多年之後，富裕家庭複製富裕，貧窮家庭複製貧窮，雖然也有特例，但我們從某些人成長的環境，就已經能觀察出他未來大致的人生軌跡。

一般在談階級，是把社會大眾按金錢、職業與地位等指標，區分成富裕、中產、普通或貧窮等幾個等級。而所謂階級複製，就是指金錢、職業或地位的代際傳遞。換句話說，在刻意栽培之下，父母的高度就是孩子的起點，父母的眼界就是孩子的天花板，所以家庭背景、文化資本很大程度決定了孩子未來發展。

當然，這多多少少可以改變。學理上，政府應該要透過稅制、教育等方式，使有能力、肯努力的人能夠突破家庭限制、實現階級流動，才有機會創造一個更加健全多元的社會。

大學教育的轉型

近年來，關於大學教育的討論眾說紛紜。我們可以觀察到，社會大眾對大學有截然不同的想像，新生入學後得做出調整，而休學、退學、轉系與輔系等，就是個人得以自行組合的選項。

據此，如果我們承認，促進階級流動是大學的一項重要功能，也是國家之所以補貼學校經費的主因，那麼大學的確不應該毫無作為。就我所知，臺灣有些大學正在積極轉變，譬如成立新科系、改革舊科系，或另外提供有利於就業的學程、師資與證書。另一種比較大膽的想法是，設計某種認證制度，開放用坊間的課程證明或實務經歷，來抵免學分。

長久以來，大專院校一直是知識主要的獲取與應用管道，但這一點正在慢慢崩解。尤其是網路時代的資訊更新、產業變遷都很快，大學體制很難跟得上這種節奏，必須採取某種混合制，才不至於讓學術研究變成脫離現實的象牙塔，但要混合到什麼程度？只能透過慢慢磨合與改進，才能得出好答案。

初步的結論是：大學的確該有類似職業訓練的功能，以滿足階級流動的期待。而如前述，由於社會與產業快速

變遷，無論大學提供了哪些能力的訓練，這些能力最好都是**可積累、可拓展、可更新的**，才能幫助學生快速適應新的挑戰。在這方面，也許可以跟民間機構一起合作，並設立某種證照或能力評比制度。至於這會不會排擠到學術研究，或說資源應該如何調配，則有待更多觀察與討論。畢竟從社會進展的角度來看，學術研究的積累仍有其不可忽視的價值。

當然，另一種方法是，協助學生們提早規劃自己的職涯方向，並提供充分資源。其中一種做法被稱為「二刀流」，是由前東京大學副校長吉田俊哉所提出，他認為，文科的應用性較弱，但知識有效期較長；理科的應用性較強，但知識有效期較短。據此，以理科為主修，再以文科為副修，就可以達到相輔相成的效果。他還強調哲學是副修的最佳選擇，因為哲學可以促使我們去反思知識與經驗的拓展。

📖 **延伸書單** ···

- 霍華德・加德納（Howard Gardner）等著，《破解APP世代》，時報，2015。
- 藍佩嘉著，《拚教養》，春山，2019。
- 吉見俊哉著，《「廢除文科學部」的衝擊》，上海譯文，2022（簡體）。

五分鐘燒腦練習

1. 你認為,所謂「大學應該培養的實用能力」,尤其是有助於人生與就業者,應該包含哪些?請列舉至少三項,並一一說明它們的必要性。

2. 你認為,整體而言,大學課程真的能夠兼顧研究預備、實用能力這兩者嗎?哪些原因或理由,使你如此想?能夠附帶舉例更好。

3. 有些人認為,要培養出社會後的實用能力,讀大學已不再必要,或至少存在更有效率的方法。你同意這一點嗎?哪些原因或理由,使你這麼想?

10

為什麼追求另一半變得越來越難？

與過去相比，現代人在擇偶時，越來越要求對話或生活品質。這反映出，金錢多寡已不再是主要優勢，人們在衡量各個可能對象時，考慮的更是文化資本的雄厚或匱乏。

依然需要門當戶對，只是標準變了

先談一個老觀念：門當戶對。在從前的指定婚姻裡，「門當戶對」大致指向財產、地位的匹配度，相符之後才會有幸福。而在自由戀愛的現代社會，雖然財產、地位看似容易跨越，但由於大家普遍意識到了家庭環境的重要性，認為這會決定兩人的相處品質，所以「門不當戶不對」會被拿

來解釋各種追求失敗、分手離婚。

　　正因如此，作為感情是否融洽的因素之一，「門當戶對」依然存在，但漸漸與金錢脫離關係，而更指向對話品質、生活品味等，也有人用三觀（世界觀、人生觀、價值觀）合不合來考量。在這樣的趨勢下，門當戶對的重要性不僅沒有下降，還延伸出了一套新的擇偶文化。

○

　　讓我們來看一個思想實驗：首先找來青年男女各50位，然後把100張卡片上面各自寫上1-100的分數，單數貼在男性背後，雙數貼在女性背後。也就是說，大家都能夠看到其他人是幾分（但不能說出來），而不知道自己的。在30分鐘以內，大家必須找到一個異性來配對，配對成功後，兩人可以獲得一筆獎金來平分，獎金等於數字的總和乘上10。也就是說，如果14號和16號配對，最後可以拿到300美金；但如果是40號和60號配對，則可以取得1000美金。

　　當然，這一實驗有過度簡化之嫌，但它想要重現的情境是，人們總是想跟高分的異性配對，但自己卻未必高分，甚至難以衡量自己的分數。那麼，當大家都想在某年齡之前結婚時，最可能會發生哪些事？按照推想，劇情大概是按下列順序走：

1. 高分者身邊，總是圍繞著一群想要配對的人。

2. 高分者猜到自己分數並不低，他們彼此之間很快就完成配對。

3. 當81-100號紛紛配對、脫離遊戲後，61-80號就成了新的高分族群。

4. 意識到自己競爭力不強的人，想出了一種說服策略：如果你跟我配對，等等你獎金可以多拿一些。

5. 個位數始終沒人要理，到了最後，他們只好隨便找人配對。

　　這個思想實驗帶來了什麼啟示呢？首先，在求偶市場裡，尤其當人們一開始都不認識彼此時，「門當戶對」非常符合經濟學規律，只是如何評分、評分指標有哪些，可能因時空背景、社會文化而有不同。實驗裡的分數是隨機的，但現實裡的分數是由基因、家庭、教育、環境、才能、努力等因素共同決定的。

　　其次，實驗裡誰高分、誰低分一目瞭然，你只需要考慮自己能配對到哪個層級的人就好。但在現實世界裡，你很難馬上判斷出對方的分數，外表、金錢固然都是條件之一，但考慮到長久相處並能夠走向婚姻，它們的比重未必特別

高。如果你重視的是對話品質與生活品味，或許外表、金錢只要達到某個門檻即可。

擇偶市場

網路上的「擇偶條件調查」，也常引發熱烈討論，諸如外貌、個性、談吐、薪資等，都使許多單身男女自我評比，想知道自己落在多少 PR 值（百分等級）。

這類調查的熱門，代表人們已習慣從人生投資的角度，如資訊透明、自由交易與盈虧自負等原則，來看待擇偶與婚配行為，也衍生出這些思維：如何估算並提升自己在求偶市場的競爭力？應該付出多少成本，來爭取某位潛在對象？何時應該認賠殺出、而非拚死苦撐？這或許就是，網路上熱烈討論各類交往問題的原因。

這類思維與種種資訊，代表臺灣的擇偶市場已漸漸成型，或者說，大家會習慣用這些標準來評斷他人。無論是誰，只要想參與這個市場並成為贏家，就必須先了解它如何運作。

越來越嚴重的求偶焦慮

「求偶焦慮」通常是指年輕男性發現自己擇偶不順，想追求另一半又覺得很難追到，經常被拒絕或無法有進一步發展，從而感到鬱悶的心態。在網路討論裡，這往往會引發男性的自強運動，嘗試各種方法提升自己的分數，包括上健身房、改造外型、鑽研談話能力或報名交友課程等。

由於人們已認知到金錢不是一切，因此，你得主動**把金錢轉換成直接可辨認的分數**。尤其網路上經常可以看到這樣的討論：第一次和異性約會要去哪、要穿什麼、要準備哪些話題，才能讓自己在對方心中留下好印象。或這次去哪玩花了不少錢，結果對方依然不滿意，到底是自己哪步走錯，還是對方一開始就很難伺候？

在這樣的自強運動裡，有人真的改頭換面，配對成功；也有人多次嘗試，仍吃力不討好。這狀況可以有很多種理解，譬如有些人分數本來就還可以，再加把勁就能配對成功；但有些人一開始就只有個位數，再怎麼改造也難以往上升級。

我自己則認為，用**「文化資本」**的角度來分析會更妥當。也就是說，大眾的擇偶標準正在變得更細緻──擇偶市場要求的不再是金錢而是文化資本，追求的不再是生存而是

生活品味。你可以無產，但不能無趣；你可以耍嘴皮，但不能當句點王。

　　比方說，你支持／反對哪個政黨？喜歡／討厭哪個網紅？他們各自做對過／做錯過什麼事？對這些事你有何評價？或者，你平常看什麼書、動漫或影劇？最喜歡哪個人物、場景或臺詞？覺得最有趣的地方是什麼？懂不懂一些內行的知識或眉角？再來，你會特地花錢去什麼餐廳、去哪裡旅遊？有沒有隱藏菜單或私房景點？遇過哪些奇特狀況或搞笑事件？最後是怎麼解決的？

　　當然，剛認識時，不一定會直接問這些事情，但在相處或聊天過程裡，如果剛好找到了共同點，雙方的距離感馬上消失大半。這些特質常被理解為口才好、幽默風趣、懂生活、懂欣賞等，但若想了解其傳承與積累，就可以用「文化資本」的概念來解釋。

文化資本對生活帶來的改變

　　以我自己為例。五、六年前我和妻子去歐洲旅遊，到了巴塞隆納一家小有名氣的甜點店Bubo，網路上的介紹，都說他們家的巧克力蛋糕好。妻子對香氣植物素有研究，她好奇地瀏覽成分組成（而不只是外觀）時，赫然在標示裡發現了傳說中的零陵香豆（Tonka bean）。它的香氣非常特別，卻有些許毒性，用量必須非常精準才行。也因為如此，美國、臺灣的食品法規都禁止添加它，可說是香氣界的禁忌逸品，但歐洲這邊顯然沒人管制。

　　「彷彿有發光的小精靈，輕柔地飛過腳邊，那樣的夢幻。」這是妻子品嘗時的描述，好像在看美食漫畫的臺詞。老實說我的感受沒那麼明顯，但也確實發現，相較於臺灣常見的巧克力蛋糕，如果你能理解零陵香豆的特殊與稀有，這幾歐元的價值將不只是美味，更是一種品味。

我相信很多臺灣人都去過Bubo消費，那為什麼有人吃到了美味，有人體驗出了品味？若再問得更廣泛些，就是：為什麼對於同樣的事物，有人不知道哪裡特別，有人卻總能指出其有趣之處？答案就是長久以來對文化知識的關注與積累，最終會塑造出一個人的深度。從巧克力蛋糕的案例來看，諸如選擇去哪旅遊、選擇消費什麼、原本的專業或興趣為何、臨場會注意到哪些人事物，共同構成了無數的奇遇。文化資本越雄厚，這種奇遇就會越多、越強烈、越特殊，隨著時間推移，人的眼界將越來越開闊，人生也會因此累積出深厚的韻味。

　　當然，飲食只是文化消費的環節之一，而且文化資本也分成很多種，甚至可有等級高低。不過，藉由巧克力蛋糕之例，我們可以初步觀察到，有些人能感受到的「生活品味」從何而來，以及它在求偶市場裡為何是一種加分優勢。試想：如果某人能讓你發現從前沒有察覺出的趣味，陪你體驗從前沒感受過的閱歷，而其他人不行，那你是否會優先選擇他成為自己的伴侶呢？

　　當然，文化資本通常需要長期培養，因先天家庭背景或後天刻意鑽研而有所不同，無法短時間內就達到應用自如

的地步。正因為如此，明明做對一些事卻仍遇到擇偶不順的狀況，多少可用文化資本的匱乏來解釋，俗稱「窮到只剩下錢」、「廢到只剩下會考試」。

最後要提醒的是，如果從學生時代沒有積累起一些潛在優勢，等到30幾歲才來煩惱求偶不順，其實已經太晚了。在現今對於文化資本、生活品味的要求下，個人在擇偶市場的訂價，很早就開始了。

📖 **延伸書單** ⋯⋯⋯⋯⋯⋯⋯⋯⋯⋯⋯⋯⋯⋯⋯⋯⋯⋯⋯⋯⋯⋯⋯⋯⋯⋯⋯⋯⋯⋯⋯

▪ 皮耶‧布赫迪厄（Pierre Bourdieu）著，《區判：品味判斷的社會批判》，麥田，2023。

五分鐘燒腦練習

- - - - - - - - - - - - - - - -

1. 就你的自身經驗，大家在衡量一個剛剛認識的人能否成為朋友或交往關係時，傾向用哪些因素來判斷？是出於哪些原因或理由，使你這麼想？

2. 你聽過類似理工男、小資女、動漫宅、北漂族等詞嗎？為什麼大家好像很喜歡創造出這類詞語，來描述自己生活周遭的某些人？請盡量列舉可能的理由。

3. 試著列舉出幾個適合用「文化資本」來解釋的案例、現象或趨勢。

11

世人鼓勵我們追求成功，背後藏了什麼陷阱？

　　社會有個主流觀點是「人生必須追求成功」，而成功大致等於高收入、高地位、高級享受。這一趨勢幾不可擋，譬如書店裡或網路上，到處都是「成功學」、「成功祕訣」之類的書籍或文章，而且銷量通常還不差。然而，由於成功來自高度競爭，近年來也越來越多人察覺到，這些成功祕訣就像是包裹著糖衣的毒藥。因為它讓人懷抱很大的希望，卻避談競爭可能帶來的高成本與高風險。

　　讓我們先把整個社會，想像成一座逼迫人們參賽的巨型競技場。競技比賽的前幾名，可以得到世人的高度尊敬以及高額獎金；但大多數參賽者都不會是前幾名，只能領到一筆基本的出場費；至於最後幾名，不僅沒錢領，還會被大肆嘲笑。這時，如果有人開始發放一本小冊子，內容是「努

力就有希望」、「挫敗經驗帶來成功」，並加入一些時間管理、增強意志力的有效祕訣，你覺得它是否會大受歡迎？會不會有人想要了解更多？

以成功為名的包裝

很多時候，我們必須在不斷的競爭當中追求成長。然而，你要怎麼知道，一個深受這類話語鼓舞的人是因為想要追求成功，還是不希望落於人後？或者說，我們在一場被迫參加的競賽裡，「追求成功」、「避免落後」這兩者之間的心態有何區別？

仔細想一想，你可能會發現，恐怕許多人只是被成功焦慮所驅動：因為相信了某種成長敘事，接著再說服自己投入這場成功競賽，於是便每天自我鞭策，問自己「為什麼還不如他人那樣成功」。

當然，推銷類似祕訣的人，一定會強調期待感、告訴大家成功正在逐步到來，試圖讓你忽略既有的負面感受，能徹底壓抑更好。譬如在義務教育裡，學生似乎應該樂於考高分、上頂大，卻很多人在煩惱考不好、選錯科系。而在畢業出社會後，大家似乎應該樂於積極向上、努力工作賺錢，卻有不少人在擔心房租太高、生活處處不如人。

　　長久下來，大家就逐漸意識到：既然追求成功主要是由焦慮所驅動，那麼在短時間內難以達標的情況下，人們根本就是自己選擇跳進焦慮的陷阱，自己要在陷阱裡動彈不得。至於那些「成功祕訣」，能帶來多少成就還不一定，但說服人們乖乖待在焦慮陷阱裡、繼續掏錢買書買課程，倒是非常好用。

思考工具箱

期望／焦慮

期待、焦慮這兩者，看似一正一反，常常卻是一體兩面的。比方說，「期望越大，失望越大」、「不期不待，不受傷害」等流行用語，都反映出一個事實——期待不見得會成真，但焦慮卻會隨之而來。

在那些透過競爭才能獲得的事物裡，期待與焦慮的關係尤其明顯，因為你不能保證自己會在競爭當中勝出。你所期待的結果有著不穩定性，這也使得焦慮的情況更加嚴重。這類心理，還可以運用在商業行銷上，像是在介紹特定產品時，表面上說這東西哪裡好、可以解決什麼問題，實際上卻夾雜觸發焦慮的話語。例如某些營養食品能「讓你工作時更專注」、買了某個線上課程就可以「贏在起跑點」等等，因為這樣才能促使人們為了緩和焦慮而消費該產品。

凡此種種，不禁令人思考：如果從未樂在其中，成功真的是我所需要的，還是只為了滿足旁人的期待？成功究竟是用來取悅自己，或討好他人呢？事實上，政治哲學家桑德爾（Michael Sandel）就指出，表面上這叫做積極自信的人生觀，實際上卻是「才德至上的暴政」：少數贏家自認應該全拿，多數輸家則持續累積不滿，兩邊差距越來越大，最後輸家再也不想讓社會更好，因為所有果實都被贏家拿走。也因為如此，整個狀況或許更像是，大家都被迫吞了名為焦慮的糖衣毒藥，而解藥數量卻相當有限，人們才必須如此努力爭奪。

● 落後焦慮的陷阱

　　接著，進一步來說，我們可把追求成功的心理動力分成以下兩種：

價值感	源於自己對自身行動的肯定。
焦慮感	源於自己將要落後於他人的認知。

　　殘酷的是，受焦慮驅動的人應該不少：你隱隱約約覺得求取成就是好事，同時卻發現自己即將落後於人；或者你不太肯定成功能帶來哪些好處，但你絕對不想落後於人。

在此情況下，**驅動人們去追趕領先隊伍的主要是焦慮感，而非成就感或價值感。**

所謂的焦慮陷阱，是你一再告訴自己應該求取成就、應該正向積極，同時又漠視各種焦慮、忽略許多負面感受。邏輯上，這樣的陷阱可分為三種狀態。

一是**獲得成就，焦慮感得到緩解**。可是，若你先前只靠焦慮感驅動，並沒有太多價值感可言，解除焦慮之後多半不會讓你因此而快樂，反而會感到空虛、不知道接下來該怎麼辦；或者發現自己之前只是被盲目推著走，而非自己想好該踏上哪一條道路。

二是**被焦慮感壓垮，不得不中止學業或工作**。有鑑於大學休退學率一再上升、新世代的心理狀況不停惡化，這族群的比例正在增加。至於背後的原因，可能跟競爭壓力上升、比較心態加重有關。此外，有些研究亦指出，名人們傾向在社群APP上展現自己的成就或享受。這表面上看來無大礙，卻容易觸發其他使用者心中「為什麼我樣樣不如人」的焦慮，越常瀏覽這類資訊越是如此。

三是**維持現狀，成就感與焦慮感並存，達成平衡**。這類平衡，通常是由階段性成就所支撐，但焦慮感也不會完全消失。如果將來真的獲得重大成就，當初的焦慮就容易被視為正向壓力；如果沒有，那就可能化成一種挫折經驗了。

在此必須強調，這並非代表人人都卡在焦慮陷阱裡動彈不得。真正的關鍵在於，我們得要意識到成功焦慮的存在，以及它帶給自己什麼樣的影響，譬如說：在身處的環境或群體裡，當成功故事一再被提及，大家主要感受到的或真正驅使我們去行動的，究竟是成就感還是焦慮感呢？另一方面，當有人展現自己的焦慮，我們是要極力否認，將它形容為某種缺點，還是想辦法妥善處理，更為積極地看待它呢？

多元競爭下的陰影

若從體制的角度看，我們也可以問：一個標榜自由的社會，是否真的提供了充分機會，讓每個人都能擁有自由發展、一展長才的空間？或者說，我們的思維與文化，是更鼓勵相互成長的良性競爭，還是放任彼此耗損的惡性競爭？

一個受焦慮感所驅動的人，很難擁有長期穩定的快樂；而一個用焦慮感來刺激競爭成長的社會，必然值得我們反思其中的問題。成就焦慮或許難以避免，但它不該被刻意積累，大家不妨思考看看，哪些事物或思維，可能有助於解決這類狀況呢？

　　成功機會總是存在，但成功人士卻是少數。至於臺灣社會是否也正在製造大規模的焦慮？這問題也許需要由一整個世代來回答。

📖 **延伸書單** ⋯⋯⋯⋯⋯⋯⋯⋯⋯⋯⋯⋯⋯⋯⋯⋯⋯⋯⋯⋯⋯⋯⋯⋯⋯⋯

▪ 邁可‧桑德爾（Michael Sandel）著，《成功的反思》，先覺，2021。

五分鐘燒腦練習

1. 你認為，極力想要追求成功的人，有哪些特徵、特別常做什麼事？又，你認為「全力追求成功」是好是壞？說說看你的原因或理由吧。

2. 你認為，追求成功時的期望感與焦慮感，是否必然一起出現，或者根本就是一體兩面？哪些原因或理由，使你如此想？

3. 在你看來，各式社群媒體如YouTube或Instagram等，是讓人更快樂，還是更焦慮？哪些事件或案例，使你這麼想？

12

拼命念古文，
會比較有深度嗎？

　　學了音樂不會變壞，學了圍棋讓人更能專注，那學了古文經典如《論語》、《孟子》、《老子》、《莊子》等，會讓人更有深度、更有教養、更知書達禮嗎？

　　在臺灣的高中國文教育裡，古文一直佔有相當高的比例，很多人質疑這個做法，也有人始終堅持念古文能夠帶來好處。其中一種辯護是，有深度的人都讀古文，而讀了古文就會讓你更有深度。比方說，某位古人展現哪些人生智慧，另一位古人說了某句至理名言，而讀了這些可以幫助我們變成更好的人。

　　這是真的嗎？接下來，我將運用「文化資本」的概念來解析，但在這之前，先看看「古文有莫大好處」之類的說法，可能引來哪些質疑。

讀古文能培養文化素養嗎？

首先，相較於社會大眾，熟讀古文的人，有特別高的比例更有深度嗎？或者古文裡的智慧與內涵的連結本身只是一種幻覺？

再者，就算我們承認比例真的特別高，因果關係仍然有些模糊：究竟是熟讀古文，會讓人更有深度；還是那些人本就有內涵，只是剛好都選擇了熟讀古文？

最後，就算古文能夠令人更有深度，那我們是不是有其他更好、更有效率的方式，來達成同樣的目的，而不用記住這些生僻字詞？畢竟全世界有深度的人很多，但不一定都熟讀古文。

先前在古文教育的論戰裡，正方提出了古文的許多好處，但無論是文化素養、道德、審美或語文能力等，都容易被反方的核心策略所駁回。我們不妨把這種策略稱為 **「可替代性」**，簡單來說，反方永遠可以主張：如果在達成這些教育功能上，存在其他更好、更有效率的方法，那就沒有必要讀古文了。

思考工具箱

目的／方法

真正想實現的，叫做目的；用來實現它的，則是方法。目的越明確，方法就越具體。這說法似乎理所當然，現實中卻有很多糾纏不清的案例，比如說：如果幸福是目的，金錢是方法，那為什麼有人會賺錢賺到身心俱疲甚至過勞？所以，時時確認目的是必要的，尤其是方法本身可能凌駕目的時。

類似情況還不少，例如是遊戲玩你，還是你玩遊戲？你操控手機，還是手機操控你？

單一目的可以對應到多種方法，而要判斷方法的優劣高下，就要看哪種方法能最快、最有效地達成目的。一般說來，方法總是可替換、可改進的。如果你發現，某個方法是實現過程中的必備要素，原則上不可被替換，這時我們通常會說，它是目的的一部分。

中華文化的傳統價值

論述至此，想必有人會問：古文真的不存在任何難以被替代的優勢嗎？其實，作為理解中華菁英文化的載體，熟

讀古文能夠擁有傳統文化資本所帶來的優勢，譬如博古通今的人格形象，或詩詞、書畫、風水、京劇崑曲的鑑賞能力等，這些都是難以被取代的。

進一步來說，許多人之所以覺得讀古文很好，除了道德、審美或語文能力的養成以外，也是由於古文代表了歷史悠久的「高級品牌」，此品牌名為中華傳統文化。畢竟那些人生智慧、至理名言，我們在其他文化傳統裡也多半找得到，但文化品牌本身是獨一無二的，就像咖啡界難有第二個星巴克，手機界難有第二個蘋果。至少人們不是完全以滿足需求、有何功能的角度，在看待這些品牌。

也就是說，如果在一個社會裡，多數人都傾慕中華文化傳統的博大精深，自然就會對熟讀古文、出口成章的人留下良好印象，認為他們有深度、知書達禮、腹有詩書氣自華。試想看看，一個有深度的人，在社會上是否更容易得到優待、更有可能得到合作機會呢？

當然，我並不是認為熟讀古文的人其實沒什麼深度（我自己也讀了不少），而是想要指出：在很長一段時間裡，臺灣社會的主要認同就是中華文化，所以熟讀古文相當於擁有了雄厚的文化資本。

也可以說，四書五經、唐詩宋詞所代表的文化資本，並非任何新式教育法所能相比，更不是亞里斯多德哲學、莎士

比亞文學能夠替代的。就算我今天找到其他培養審美或語文能力的方式，也不易複製出人們對熟讀古文者的良好印象。如同我找到超級美味的咖啡來賣，也難以複製出人們對星巴克的喜好；就算我製造出超級好用的手機，也難以複製出人們對iPhone的崇拜。

這些中國文化傳統的「精髓」，的確可能有益於個人的深度或教養，但它們帶來的優勢更多在於文化資本方面。如果你也接受這一思路，自然就會得出：與其說人們是在提倡古文的教育功能，不如說是在替中華文化這一品牌辯護。

歐美、日韓與本土文化蔚為風行

作為文化資本，古文在20世紀後半的臺灣社會「相當好用」。在中華文化大行其道的年代，古裝劇、武俠小說、成語故事、思鄉歌曲與詩詞等涵蓋了臺灣文化產業的半壁江山。當時的人們覺得它們值得欣賞、願意付費，並且想理解其中的細節與巧思，創作者們也往往名聲響亮。

令人感慨的是，許多年過去了，中華傳統這套文化資本的競爭力正在快速消退，人們開始把注意力和消費力轉向歐美、日本與臺灣本土的文化產品，熟讀古文所能帶來的優勢也隨之下降。從這個角度看，近年古文教育之所以屢

遭質疑，其實正反映了文化品牌的衰退、文化資本的貶值，
那麼原先認同品牌、持有資本的人，自然會不太高興。

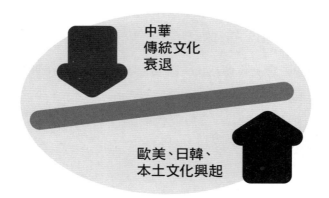

中華
傳統文化
衰退

歐美、日韓、
本土文化興起

　　也就是說，熟讀古文的價值，已經沒有從前那麼高，
「讀了古文能變得有深度」的印象恐怕也在減弱當中，甚
至古文所代表的文化資本可能會漸漸過時，而且這狀況並
不容易扭轉。

　　身為一個碩博班都讀古文、研究中國哲學的人，或許是
因為讀中國哲學難免也會學到一些西方哲學，我早就多少
意識到西方文化未必不能替代中華文化（當然有人會說早
就替代了），甚至「中國哲學」本身即是中西文化碰撞融合
的結果：我們採取西方的概念術語、論題框架，來重新理解

中國傳統思想。這也強烈暗示著，若想維持中華文化傳統的某種地位，和其他更受支持的文化產品融合，或許才是更好的做法。

目前的臺灣社會，呈現出歐美、中華、日本與本土文化消費大亂鬥的狀況，而作為一種文化品牌，若想在市場裡讓消費者買單，就應該推陳出新，試圖走出更寬闊的道路，而非一味堅持哪個古人的哪些價值觀必定是正確的。

近年來所謂的臺灣文學、臺灣史學與臺灣哲學，都正在試著開拓出新的方向，或打造一套新的文化資本。如果你想要變得有深度，追求這套文化資本也許會更有優勢；如果你是位古文愛好者，想辦法把它跟臺灣現狀做結合，想必更能為社會大眾所接受。

📖 **延伸書單** ···

▪ 皮耶・布赫迪厄著，《區判：品味判斷的社會批判》，麥田，2023。

五分鐘燒腦練習

- - - - - - - - - - - - - - - - - -

1. 什麼是「有深度」？哪些人會讓你感到「有深度」？他們說了或做了什麼，使你這麼想？請盡量詳細說明。

2. 你認為，熟讀古文真的會讓人更有教養、更知書達禮嗎？哪些原因或理由，使你如此想？

3. 你會主動購買哪些文化產品，或特別注意哪幾種文化品牌？（比方說，你比較喜歡追美劇、韓劇還是日劇？）請說說哪些原因或理由，讓你想要消費它。

13

永遠保持理性,就能做出最完美的決策嗎?

　　哲學上有一種觀點,認為人應該追求理性思考、抑制情感衝動,最理性的人就能做出最完美的決策。他們把理性看成冷靜推論、客觀分析的能力,相較之下,情感不是必需品,還得要控制與克制它。

　　認同這點的人,不僅被稱為理性主義者,常常也連帶主張:世界上存在亙古永存、超越時空的真理,人只要善用理性的能力,就可把握、認知到它,並用以改善人生與社會。在此思路下,如果出了什麼問題,一定是認知過程有誤,而非真理本身有毛病。這就好像是說,算數學時如果答案有問題,一定是計算過程有誤,而非公式本身不正確。

理性與感性的各自觀點

　　一般而言，理性、感性兩者之間的高下分野，在西方古典哲學中較為明顯，例如蘇格拉底被指控「敗壞青年，另立新神」後，從容面對審判與死刑，沒有太大的情緒起伏。相較之下，自己最得意的弟子顏淵過世，孔子哭得非常傷心，還引發了後世討論：究竟是孔子沒資格被稱為聖人，還是聖人也可以有情感波動呢？

　　但在中世紀以後，歐洲開始出現一批經驗主義者，認為真理主要源於感官知覺，必須在長期的實踐經驗中歸納而來。也因為如此，他們認為情感不可或缺，甚至在思維、行動上居優先位置，例如哲學家休謨就指出，理性只是情感的奴隸，它只能為情感服務。

　　簡單來說，經驗主義派認為，**人的一切目的皆由情感所決定，一切行為皆由情感所推動，理性不過是規劃事情的執行方法與步驟**。哲學上有個悖論叫布里丹之驢（Bridan's Ass），是說一隻完全理性、毫無情感的驢子，面前有兩堆等質等量的乾草，那牠會不會由於理性難以決定要先吃哪堆，最後傻站在那裡餓死呢？按經驗主義者的說法，缺乏情感則不知該如何下決定，所以這對驢子而言的確是個大煩惱，儘管一般人看來會覺得相當可笑。

思考工具箱

非理性傾向

許多研究發現，人們天生就有幾種非理性的傾向，譬如我們會直覺地去避免風險，有時甚至無視理性計算。先思考看看以下兩個敘述：

A. 手術後的五年內，有九成的病人會存活。
B. 手術後的五年內，一百位病人中有十位會死去。

乍看之下，A 比 B 好很多，但仔細一算，兩者根本就是在描述同一件事。這主要是因為，A 強調的是存活機率，但 B 強調的是死亡風險，而人們對風險顯然更為敏感。這還衍生出一種有趣狀況：同樣一個手術，醫師用 A 來說明，很多病患會欣然同意；但若用 B 來說明，很多病患會拒絕實行。

　　再舉個例子來突顯兩派觀點的落差。假設今天十個人分蛋糕，其中有個惡霸搶走大半塊，說剩下的你們九個去分，那九個人當然會說這不公平了，沒想到惡霸立刻反問：公平是什麼？為什麼你們吵著要公平？

　　理性主義者會認為，公平就是恰當分配，無論是權力或其他資源，世上本來就有一套正確規則來決定誰拿得

多、誰拿得少。這個惡霸的理性顯然有問題或被蒙蔽，使得他認知不到真理。

但經驗主義者的解釋卻不一樣，他們會先問：「哪些情感推動了人們追求公平？」一是自利，因為每個人都想吃蛋糕；二是利他，因為九個人都希望彼此有夠多的蛋糕可以吃。然而，就算出於自私與利他的心態，也只能得到九人彼此平分的結果，他們還得要求惡霸交出更多份量出來，也就是說，若要達到全體平分的結果，他們必須去嫉妒惡霸拿太多。在此，自利、利他、嫉妒三者必須共同作用，而且嫉妒不能太弱，否則大家如果只害怕自己被惡霸毆打的話，就難以要求並實現真正的公平。

在這層意義下，情感決定了目的為何，而理性則根據目的來制定執行方法，至於人類社會的種種規範，可看成是各方協商或長期磨合的結果。

理性主義者	經驗主義者
世界上存在亙古永存、超越時空的真理，人應該善用理性的能力。	認為真理主要源於感官知覺，必須在長期的實踐經驗中歸納而來。

直覺與理性的共同運作

　　兩派爭論持續了很長時間。直到20世紀，奠基於大腦研究的認知科學興起後，經驗主義路線有了更進一步的發展：**直覺先行，理性後到**。也就是說，直覺決定了人們的主要目的，也推動了具體行為，但理性握有否決權——它會檢查目的或行為是否合適，如果合適就制定執行方法與步驟，不合適則全盤推翻。

　　必須注意的是，直覺雖然是基於情感而生，譬如喜怒哀樂、七情六慾，但也有些是受到後天的教育或文化所影響。也就是說，這裡所說的直覺，基本上是情感、社會文化長期磨合共構的結果，因而是可以改變的。比方說，你接到詐騙電話，直覺認為對方可以信任，就不小心把網路銀行的帳號密碼提供出去了，但發現自己吃虧上當後，一接到陌生電話就立刻心生警覺。這代表你在理性的深思熟慮後，主動去改變了原先預設的直覺。

　　因此我們可以知道，**直覺、理性是雙向關係**：除非特別重大的決策，我們一般會靠直覺在幾秒鐘內下決定，剩下都是理性在考慮要不要否決。而在考量眾多案例與經驗後，

為了預防慘劇再度發生，理性也可以修改直覺的設定。有人把這一過程，稱為「情感的理性化」。據此，我們可以把道德行動的形成分為四個層次：

1. **從來沒意識到有問題。**譬如《哆啦Ａ夢》裡的胖虎常常霸凌他人、搶走東西還沾沾自喜，這的確滿足了他的情感和慾望，但理性並沒有發揮應有的作用。

2. **許久之後才感到不太對。**像是胖虎搶走別人的東西之後，偶爾會覺得這樣做不太好，但他往往一轉頭就忘記這個感覺。理性雖然有發揮一點作用，但還是沒能阻止霸凌發生。借用宋儒朱熹的說法，這是在「夢覺關[2]」之間徘徊：你似乎開始意識到，什麼是對的、什麼是錯的，但還未能主動去改變自身。

3. **做到一半發現有問題。**比如胖虎正要揮拳搶走別人東西時，忽然感到不對而停止動作，理性開始阻止他肆意妄為，開啟了更多思考空間。這就來到了「善惡關」：選項已經出現，胖虎可以選擇是否霸凌，決定要當個好人或壞人。

4. **一觸發就制止。**也就是剛開始有了壞的念頭，就馬上被理性克制與否定，所以這不會外顯於言行。按傳統儒家的說法，聖人君子是一開始就不會想作惡的，而非有了這種想法才趕緊克制它，但只要勤加

鍛鍊理性能力，凡人就可以逐漸接近那種境界，所以這又被稱為「凡聖關」。

綜合來看，一個可以做出完美決策的人，應該能使理性、情感完美合作，或盡量達到情感理性化的最後階段。當然，知易行難，最重要的是如何鍛鍊自己的心緒，光是意識到不代表就能做到。

---

2 大夢覺醒，意指對人生的徹底覺悟或甦醒。

📖 **延伸書單** ……………………………………………………………

- 丹尼爾・康納曼（Daniel Kahneman）著，《快思慢想》，天下文化，2023。
- 強納森・海德特（Jonathan Haidt）著，《好人總是自以為是》，網路與書，2022。

五分鐘燒腦練習

1. 在你看來，一個非常理性的人，會傾向說哪些話、做哪些事？又會避免說哪些話、做哪些事？請盡量列舉。

2. 就你觀察，什麼情況下，人們特別容易被情感所主導、而理性沒有發揮作用？請舉幾個例子，並說說哪些原因或理由，使你如此想。

3. 你認為，一個有道德、令人欽佩的人，一定有經歷過情感理性化的這些過程嗎？哪些原因或理由，使你這麼想？

14

現實這麼痛苦,可以待在美好的虛擬世界裡嗎?

　　如果虛擬情境很美好,現實世界很痛苦,該怎麼辦?維持最低限度的飲食睡眠,其餘的時間心力,都花在各式各樣的虛擬實境或遊戲大作裡,這樣不可以嗎?

　　先設想看看一個哲學上的思想實驗:有家科技公司發明出一臺機器,能夠提供大腦一切你想要的認知、經驗或記憶,甚至成為任何你想扮演的角色,無論是超級英雄或滅世反派都行。這一切都是虛擬的,可以完全按你的意思來設計,而且公司保證你的肉體會長命百歲。現在你抽中了試用資格,但一旦進入,就得一輩子待在虛擬實境裡,直至死亡。如果你在現實生活本來就不快樂,會選擇進入機器幻化出的虛擬世界嗎?

就我自己調查，大家的選擇會因為世代而有所差異。40歲以上的人，幾乎都會為現實辯護，覺得再痛苦也應該撐下去，而非逃離；而20歲以下的人，有半數會理所當然地選擇虛擬世界，不知道有什麼堅持待在現實生活中的理由。單純從哲學的角度來看，這裡會出現快樂、痛苦如何比較，也有虛擬、現實誰好誰壞的論辯。但我認為，這主要是一種認知上的根本轉移，雙方的直覺完全相反：一邊覺得現實本就應該優先，一邊不懂現實為何可以優先。

這其中發生了什麼事？用最簡單的方式講：對20歲以下的人來說，由於網路社群與各式線上遊戲的興盛，他們會覺得這些帶有情感依附的虛擬實境，本來就是生活中的組成要素之一；但對40歲以上的人而言，這種虛擬實境並非自身成長過程當中的要素，所以他們會覺得可有可無。

思考工具箱

依附關係理論

人類有和他人建立情感連結的需求，這種情感依附不僅可以分類，還可能會影響一生。有研究指出，在安全型依附下，幼兒能接受母親的暫時離開，就算哭鬧，只要母親回來安慰，很快便能平靜下來；但在矛盾型依附下，幼兒明明想要有人安撫，母親回來後卻

常常哭鬧更甚；至於迴避型，則是傾向排斥情感連結，表現為內向或孤僻；混亂型則是反覆無常、時好時壞，讓母親窮於應對。

有些學者主張，小時候與照護者的依附模式，會直接決定到長大後的伴侶關係，換句話說，人會根據自己所屬的依附類型來對待自己的另一半。

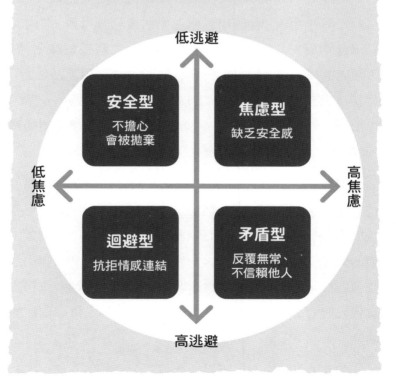

當機器玩伴開始出現

科技社會學家特克（Sherry Turkle）專門研究人類幼兒與機器玩伴的互動，她發現：當幼童對機器玩伴（如Aibo機器狗）有著情感依附時，會出現某些成人不太可能有的認知。

這裡必須先解釋情感依附，比較明顯的例子之一，是小鴨子剛出生時，會認第一個在動的東西為母親，並向其尋求食物與安全感。這狀況也普遍出現在靈長類身上，對人類而言，整個兒童期都需要情感依附對象。也因為如此，當幼童缺乏父母關愛或同儕互動時，常常會創造出一個想像朋友，或天天抓著毯子、玩偶不放，以作為**情感依附的替代物**。

對較年長的世代而言，就算童年時期的自己對玩偶或毯子有情感依附，長大後就會充分意識到，自己雖然對它有感情，但終究不可能取代真人。機器則從來不可能是情感依附的對象之一，因為當時的技術還遠遠沒有成熟，無法達到機器人與人類充分互動的程度。但對年輕世代而言，機器玩伴已經可以高度模仿真人互動，進而延伸出情感依附的功能。

特克指出，最令人訝異的狀況是，當互動過程不如預

期時，幼童居然懂得把機器玩伴給關掉。試想，你曾聽過有人要把父母、把朋友給關掉嗎？在機器玩伴出現以前，這事根本不會發生，不是想過但不會去做，而是連想都不曾去想。例如媽媽跟小孩子說：「你果汁喝太多了，這樣等等不能再吃蛋糕，否則晚餐又吃不下。」小孩則生氣地表示：「媽媽妳走開，妳走開，不然我要打妳喔！」媽媽則回應：「好，我走開，你自己回家吧。」

當小孩子發現媽媽準備要翻臉了，就可能會做出妥協、撒嬌甚至無視，但至少不會認為我只要「把媽媽關掉」，然後一切就沒事了，他們會意識到後果。於是**為了維持良好的情感依附，小孩子得開始學習平衡自己與他人的需求**，這也是早期社交技能的萌芽方式。

如果情感連結有開關

但是，當幼童視機器玩伴為情感依附的對象時，他們開始意識到：情感連結變成是可以隨意開關的，而非需要付出心力維持的。一遇到壓力就關閉電源、終止互動，這很有可能會造成後續人際關係的發展障礙，比方說理所當然地對訊息已讀不回。

因此，特克極力反對用機器玩伴來取代人類教養，她的主張是，幼童從父母那裡得到的關愛太薄弱，才不得不選擇機器玩伴。這其實是想像朋友的現代版，只是玩偶變成了擬人機器。有趣的是，她原本以為大部分人都會同意這點，直到一個令她震驚的提問出現，一位年輕記者問：「妳這種論點，難道不是在剝奪機器人成真的權利嗎？」

　　特克並不是哲學家，她沒辦法花力氣去處理真實、虛擬的問題，更難以去思考「成真的權利」有沒有可能存在，但從情感連結的角度來看，我們確實觀察到一種認知的轉移過程。

　　原先技術還不成熟時，我們問的是：「機器能夠模仿人類到何種程度？」當技術開始成熟時，我們的探問則變成：「機器能夠取代人類到什麼地步？」而直到技術成熟了一整個世代，使得青少年對科技產生情感依附時，他們開始問：「機器多大程度有成真的權利？」

　　情感連結的對象，使得人們希望它具備真實性，至少不能完全虛假。這並不難理解，想像一個小時候很喜愛、伴你度過難關的布偶或玩具，你會希望它有某種不可取代的獨特性，而非棄之如敝屣。

　　進一步來說，由於擬人技術的成熟，加上有情感依附的功能，機器人不僅開始有了獨立地位，而且漸漸被冠上了真實性。也就是說，情感依附會帶來強烈的真實感，就如同擁有很強烈宗教情懷的人，也會覺得自己信奉的神祇完全是真實存在的。

我們與虛擬世界之間的距離

　　如今，又一個足以情感依附的科技產品出現了，它的名字叫作虛擬實境，這次它要取代的不僅是現實中的某人某物，而是盡可能地取代整個世界。我們可以合理推想：如果一個人從小就跟虛擬實境的角色或事物，產生極強的情感連結，他會不會想要讓虛擬實境的一切都具備真實性呢？或者賦予它們無可取代的地位呢？

　　也因為如此，能不能一直待在虛擬世界裡，不單純是個自由選擇，更是攸關情感連結的問題，或者說重點在於科技趨勢如何改變人們的直覺認知。

　　儘管現階段我們還不能確定虛擬實境或各式各樣的遊戲角色，可以多大程度替代情感依附的功能，但這應該是合理且可預期的發展。也許到了未來某一天，當虛擬情境的

互動技術越成熟、越早開始影響更多人，選擇待在美好虛擬世界的比例便會急遽上升，只要它足以成為我們情感依附的對象。

甚至在不遠的將來，會開始有人問：「你們這不是在剝奪虛擬角色成真的權利嗎？」

📖 延伸書單 ··

- 雪莉・特克（Sherry Turkle）著，《在一起孤獨》，時報文化，2017。
- 雪莉・特克著，《重新與人對話》，時報文化，2018。

五分鐘燒腦練習

1. 請參考本文開頭所提到的「經驗機器」。在完全相同的條件下，如果你抽中試用資格，會選擇進入機器幻化出的虛擬世界嗎？又，你會如何看待，意見與你截然相反的人？

2. 什麼是「成真的權利」？你認為，在哪些情況下，機器人應該擁有「成真的權利」？還是無論如何都不該有？請說說你的看法。

3. 有人說：「人類幼童，和機器狗或虛擬情境中的角色，可能會產生情感依附關係。」你認為這是好是壞？哪些原因或理由，使你如此想？

15

有了言論自由，
愛說什麼都行嗎？

　　有些人可能聽過這句話：「我不同意你的觀點，但是我誓死捍衛你說話的權利。」另一個類似表述是：如果要捍衛言論自由，必先捍衛那些你所痛恨的言論。若這樣理解，再套用到各式各樣的爭議事件上，自然就會變成：抱持主流觀點的人們，應該要容忍或保障少數論點的存在，就算它們明顯令人厭惡、荒謬無理或違反禁忌。

　　真是如此嗎？任何言論都會被容忍？如果有人經常在網路上公開宣稱，自己於某時某地要在捷運路線上大屠殺或放炸彈，公共交通因而多次停駛檢查，也該放任這類言論不管嗎？多數人會直覺認為，那種為了故意製造混亂的言論，當然必須阻止與懲罰。這也代表，必定有一些言論內容不在我們可容忍的範圍之內。或者說，一定找得到某些不

該繼續發表或流傳下去的言論。從現行法律來看，散播不實災害、疫情或食品安全，乃至於引發恐慌失序者，都會面臨刑責。

保衛言論自由的原因

然而，確實有些哲學家極度重視言論自由，譬如彌爾在《論自由》裡就曾指出：「言論的自由流通與競爭，有利於真理的顯現與證明，也有助於社會發展。」但難道彌爾認為，散布謠言製造恐慌是無論如何都該容忍的事嗎？是常人的直覺有誤，還是哲學家的觀點有問題？

如果詳細回顧歷史，我們會發現：從前的哲學家們之所以強調言論自由，是為了阻止政府對各式思想的打壓，尤其當這些思想會批評到掌權者的時候。主要原因在於，過去歷史上最容易侵犯言論自由的就是政府，只要政府的權力足夠強大，又想維持自己的統治地位，那麼就很容易動用各種手段去封殺不利於自身統治的言論。因此，在《華文哲學百科》的「言論自由」詞彙裡，就以「政府當局」為主語：「核心問題如下，在自由主義社會中，政府當局可有合理理由限制言論自由（例如：政府是否有合理理由限制色情刊物、仇恨言論或毀謗言論）？」

長久以來，有人認為容忍範圍應該放寬，好讓政府難以刻意曲解、干涉思想的自由流通；但也總有些案例，是由於惡意發言而造成的社會成本。這使得怎樣才算**「以合理理由限制言論自由」**出現了廣泛的討論。更詳細來說，如果總是有可能出現需要政府去明確禁止的極端言論，那麼能否列出一組明確標準來判斷、檢驗哪些屬於極端言論？這標準需要滿足哪些原則或條件？

避免無限上綱

自由就是想怎樣就怎樣嗎？愛一個人就代表什麼都要給他嗎？負責是該拚死做到完美嗎？無限上綱，是把某項原則拿來當成萬用理由或藉口，似乎據此就什麼都可以做，旁人不得批評或干涉。而這會讓人忽略許多例外狀況，例如自由不代表能隨便傷人，愛情不表示該予取予求，負責並不意味著要把自己壓搾到極限。

正因如此，當我們說「A 不能拿來無限上綱成 X」時，通常是指：X 本來就不該有，所以不能以 A 作為理由，而且這樣是曲解了A。要反駁這類無限上綱，我們可以說出但書，譬如自由必須以「不傷害他人」為前提。

　　然而，今天人們在網路上所說的言論自由，其焦點已經大幅轉移了，就以臺大歧視政見事件為例。首先，在高中、大學的學生會長選舉裡，搞笑政見已行之有年，譬如「重建海霸王」、「陽明山開賭場」、「幹部需精通火焰魔法或隕石魔法」、「舉辦鬼抓人大賽，會請道士找真的鬼」。對於這些，大家通常只是一笑置之，沒人認真把它當一回事。

　　直到某天，有人踩到地雷區，輿論就此爆炸。2023年，參選臺灣大學經濟系學生會長的兩位同學，在公開發表的政見欄裡，填上了「舞會處男禁止參加、處女強制報名」、「A罩杯以下女生國防必修兩學分」，以及「ㄐㄐ十公分以下要上家政課」。這顯然越線了，瞬間在網路上激起成千上萬人的負面情緒：多數人大力責罵，還連帶說系學會一開始就不該公布這種言論；也有些人幫忙緩頰，宣稱只是玩笑開過頭或拙劣諷刺，屬於可以容忍的言論。

　　相信大家看得出來，這事跟政府打壓並無直接相關，而是當一種非常違反主流價值觀的言論出現，而且沒有造成任何人明顯實質受害時，它是可以被社會大眾所容忍的嗎？或者換個方式問，這種行為需要被懲罰嗎？如果需要，又該由誰來懲罰呢？

　　後續是，因為兩位學生沒有觸犯法律，臺灣大學將兩人送到性別平等教育委員會處置，最終可能有受到申誡或

記過等處分。輿論風向則是把兩位當事人列入封殺名單，宣稱此後不與他們有任何往來，要讓他們「社會性死亡」。

封殺名單可不可行？

值得注意的是，如果是問政府或法律該不該實行懲罰，這時討論容忍範圍、合理限制是有其意義的，因為那等於是在討論，我們希望政府或法律應該怎麼做。尤其在一個民主社會裡，人民的確可以透過選票來影響政治走向與法規制訂。

但如果我們探討的是，社會大眾或網路使用者們該不該實行封殺名單之類的懲罰，討論容忍範圍、合理限制的意義就弱得多。因為社會大眾是由許多自主個體所構成，他們各有各的想法與考量，你很難要求所有人同進同退、一起包容或反對。也就是說，我們或許可以道德勸說，卻難以強制社會大眾應該怎麼做，尤其他們只是私人批評與封殺，並沒有直接妨害到兩位同學的人身自由。

所以，如今談論的言論自由，其實有兩種不同焦點：

1. 針對政府權力，來討論政府應該容忍哪些言論，以及基於哪些理由才能限制言論。

2. 社會大眾的價值判斷或容許範圍，亦即發表哪些言論該被批評與封殺，哪些則沒問題。比方說，政見裡寫到「舞會處男禁止參加、處女強制報名」會引發爭議，但「幹部需精通火焰魔法或隕石魔法」就安然無事。

也因為如此，我認為一般人對「言論自由」的理解是：除非出於嚴重仇恨或刻意陷害，任何言論原則上都可容忍，但實作時必須依場合而定，否則會有非預期的傷害（對他人）或懲罰（對自己）。換言之，儘管那些表達爭議性言論的人，可以一邊繼續發言、一邊拿言論自由來抵抗批評，但多少還是必須承擔後果。

在一個民主成熟、網路盛行的現代社會，這種後果更多是來自於社會大眾，而非政府或法律。至於哪些言論會出事，哪些又不會？社會大眾的標準在某種程度上必定是浮動的。

📖 **延伸書單** ··

- 約翰・斯圖爾特・彌爾著，《論自由》，五南，2019。
- 金知慧著，《善良的歧視主義者》，臺灣東販，2020。

五分鐘燒腦練習

1. 什麼是言論自由？你認為，在其他條件相同的情況下，一個言論更自由的社會，是否一定比其他社會來得好？哪些原因或理由，使你如此想？

2. 什麼是限制？在哪些情況下，政府可以去限制言論自由？請舉幾個例子，並說說你的原因或理由。

3. 言論自由一詞，原本是用來節制政府權力、反對政府打壓，但如今卻更常用來抵抗大眾的批評。你認為，為什麼會出現這種轉變？請列舉幾種可能性。

16

網路公審
為什麼會越來越嚴重？

2013年12月，一位任職於倫敦雜誌社的年輕女士賽珂（Justine Sacco），上飛機前在自己的推特上發文道：「前往非洲，希望我不會得愛滋病。開玩笑的，我是白人。」

不知誰先看到了，罵她種族歧視，並引來大量的轉發。接下來網友的激烈公審，改變了賽珂的人生，留言包含：

- 她是怎麼得到公關工作的？
- 我跟她同公司，真覺得很丟臉。
- 我唯一想要的聖誕禮物，就是她看到訊息欄爆炸的表情！

當賽珂步下飛機時，聲名已經傳遍全世界，高居推特人氣第一名。幾天內，她的名字被搜尋上百萬次，更有人連

雜誌社一起罵，說重用這種員工的公司也好不到哪去。迫於輿論壓力，最終雜誌社選擇解雇了她，賽珂本人當然也非常後悔。那麼，網友想要的正義，有因此實現嗎？

20多年來，網路公審從個案變成趨勢，再從趨勢變成文化，如今大家已相當熟悉它的存在，也終於有了正式名稱，叫做**取消文化**（Cancel Culture）。詳細來說，這是指網路使用者們在見到自己不喜歡的言論時，集體發起的抵制、孤立或放逐行動，意圖在於使對方社會性死亡，或說失去所有一切取之於社會的資源或機會（如封殺）。值得注意的是，這類做法有時合理（如各種黑心食品案，常引發民眾自發抵制某些劣質企業）。但取消文化一詞卻略帶貶意，通常代表言論與懲罰的不成比例，即網友們常常想要「取消」某人某事，但取消的範圍和程度常常引起不小爭議。

近來一個著名的被取消者，就是《哈利波特》的作者羅琳（J. K. Rowling），由於她宣稱「男性跨性別者再怎麼樣也不是女人」，許多人因此揚言：「消費《哈利波特》系列作品，就是在支持歧視者，我們應該集體抵制。」而在巴黎奧運時，由於羅琳公開質疑拳擊好手林郁婷的性別，臺灣這邊也掀起了一波抵制聲浪，並引發了「作者私德是否會影響作品評價」的討論。

社群媒體日漸發達的影響

　　此乃網路時代、人手一機之前，難以發生的集體現象。一般認為，網路公審的誕生是基於幾個要素：首先，大家都抱持著言論自由的觀念，常覺得只是講幾句話伸張正義，沒什麼不可以。但一人講一句，十萬人就講十萬句，也因此累積了意想不到的效應。

　　那麼，為什麼這類訊息，可以一瞬間流傳到幾十萬人眼前，同時也讓幾十萬人來盡情留言呢？這顯然是因為網路科技加上社群媒體，使得言論的傳播成本大減，甚至降到幾乎為零，人們只要瞥個一眼、按幾個鍵，就可以輕易擴散各種言論。

　　最後是，有股激憤情緒在推動人們瘋狂留言。批評者往往認為，自己是基於正義而出聲公審，就算憤怒有點過頭，那也屬於「正義之聲」。至於這股集體情緒何來，有人說是網友太過玻璃心，如道德心理學家海德特（Jonathan Haidt）就指出：由於家長過度保護、憂鬱情況增加、創傷認定大幅放寬等因素，使得網路世代的玻璃心越來越嚴重，憤怒的燃點越來越低、氣焰越來越高漲，動不動就想公審他人。

　　至於知名作家與科技評論家卡爾（Nicholas Carr），

則主張網路媒體也需承擔責任：

我們遨遊網路的速度愈快，點擊的連結和瀏覽的頁面越多，Google蒐集我們使用習慣和送上廣告的機會也越多。再者，它的廣告系統就是設計成可以找出哪些訊息最能吸引我們的注意力，再把這些訊息放進我們的視野裡⋯⋯我們點擊的次數越頻繁，Google的收益就越高。這個公司最不想要的，就是鼓勵慢速閱讀，和集中、緩慢進行的沉思。

據此，集體心態與網路環境加總的結果，使得網路公審好像變得理所當然，無論遇上什麼不平之事，都可以拿出來讓網友評論一番。在對錯分明的情況下，或許還有些效果，但很多事情只是一面之詞、互有對錯，這時就常見網友先敲鑼打鼓，再一哄而散。

思考工具箱

敘事傳播力

明明是件小事，為何可以成為輿論焦點，甚至造成公審現象？有人指出，一個事件要演變成全民公審，必須有集體的、持續的關注與轉發，這可以寫成簡易公式：傳播率＞遺忘率。

那麼，在哪些情況下，事件的傳播率會大於遺忘率

呢？除了網路帶來的超強曝光力，公審的事件本身，還必須能激起人們的憤慨情感，或讓人投射自己平時內心的不滿。這種熱度的持續時間往往不長，若沒有新資訊或新發展，遺忘率會很快超過傳播率，最終使整個事件煙消雲散。這就是網路公審忽然出現又瞬間消失的原因。

　　舉個發生在臺灣的例子：幾位同系大學生去熱炒店，由於白飯不夠吃，就到Google評分發表一連串負評，引來大批網友跟著指責店家；店家不甘被誤解，立刻發文反擊，也引來大批網友怒批該科系學生。雙方支持者往來爭論，最終學生選擇道歉，店家決定暫時歇業，兩敗俱傷。至於當初搖旗吶喊看熱鬧的網友們呢？已經去找別的戲來看了。

　　小小的消費糾紛，演變成網路公審，在網友推波助瀾下，卻沒有任何贏家。事實上，也有人認為，這一開始就不是什麼伸張正義，而是**集體霸凌**，也就是說，在正義的外衣之下，霸凌變得更容易發生。

　　這裡得區別一下兩者：一般的霸凌，比較容易辨認出加害者是哪幾個，責任歸屬也明顯；但網路上的集體霸凌

就不一樣，大家只是留個言，個別看好像無傷大雅，但聚集在一起就形成了輿論壓力，進而影響觀感。譬如上述事件裡，大家給熱炒店一堆低分負評的話，用Google地圖看評價的人，就會覺得這家店很糟糕。

一般的霸凌	網路霸凌
⬇	⬇
容易辨認出加害者	加害者可以隱匿身分

網路公審其實是「正義中毒」？

在網際網路的高度發展之下，任何小小糾紛都可能演變成輿論公審。也因為如此，當網友們又在「取消」某人某事時，最常見的反論即這是「假正義、真霸凌」。

總之，無論要稱之為網路公審或取消文化，這是言論自由、傳播便利、激憤情緒、流量營利等一系列因素的綜合結果，只要這些因素沒有消失或減弱，類似狀況就會持續發生。儘管我們可以說這是「假正義之名、行霸凌之實」，但

光靠道德規勸，很難真正治本。所以有些人會認為，當這類狀況發生時，社群媒體應該主動阻止它的傳播，譬如關閉評論功能，或至少別任由熱門關鍵字繼續惡意擴散。

更長遠的做法，是制訂相關法案，授權政府來監督社群媒體、減少網路亂象。譬如2024年初，美國國會就舉辦了有關線上兒童性剝削的聽證會，並要求META（旗下有臉書、IG等）、X（原名推特）、TikTok（抖音）等科技公司的執行長，出席接受質詢。

對於網路公審之類的亂象，社群媒體應該做些什麼？這一話題，相信短時間內不會止歇。

📖 **延伸書單** ···

- 尼可拉斯‧卡爾（Nicholas Carr）著，《網路讓我們變笨？》，貓頭鷹，2012。
- 羅伯‧席勒（Robert Shiller）著，《故事經濟學》，天下雜誌，2020。

五分鐘燒腦練習

1. 你認為,「無論遇到什麼爭執,都可以寫上網讓大家公審一下」,這類想法是好是壞?哪些原因或理由,使你如此想?

2. 你認為,為了制止集體公審、取消文化等狀況,社群媒體應該主動介入,譬如暫時關閉留言功能嗎?如果有人說這是侵犯言論自由,那該怎麼回應才好呢?

3. 如果網路公審、取消文化越來越普遍,人們是否就越來越不願意自由發言?這是好還是壞?對誰特別有利,又對誰特別不利呢?

17

改變順序或選項，就能改變結果?

　　許久以前，大家在使用提款機時，常常一見鈔票拿了就走，卻把金融卡留在原地，帶來不少麻煩。後來有人用簡潔的方式，徹底解決了這件事：一律先取卡，而後才能取錢。也就是說，「取錢不取卡」的選項被消滅了，現在提款機都會要求我們先把卡取走才會亮出鈔票。

　　還有一種類似的狀況是，藥物輸送管不慎連接到錯誤的出料口，導致病患用錯藥。當然，我們可以要求醫護人員多加注意，但更為治本的方式，是把每種藥物的連接頭設計得不一樣，如果根本沒法連接，也就不可能搞錯了。

　　許久以前，男性小便造成了清潔上的麻煩，總有不少尿液會噴濺出小便斗外。後來有人，用簡單的方法大大改善

這件事：畫隻蒼蠅在小便斗中間，讓男性上廁所時不自覺地去對準它，也可以用黑點、紅點替代。相較於提款機與藥物輸送，這不是消滅原來的選項，而是多了一個更好的。

在上述案例裡，改變順序或選項，就可能產生不同的結果。更精確來說，這帶來了兩大啟示：

1. 少了錯誤的選項，自然也就不會選擇錯誤。
2. 多了更優的選擇，自然可能做出更好的決定。

思考工具箱

淤泥效應

當學校為清寒學生設立了一筆獎學金，但申請時需要準備很多文件、填寫數十個問題。很多人發現這不太容易，一拖再拖的結果，就導致他們忘記或乾脆放棄申請。明明是件好事，做起來卻讓人感覺到重重阻礙，此即淤泥效應。（壞事裡也有淤泥效應可言，而且該效應可能會有正面結果，這裡先不討論。）

在許多案例裡，淤泥效應是刻意設計的結果。譬如，企業承諾產品可以退款，但又不想吐出獲利，於是就故意把退款弄得很複雜，使得有人覺得麻煩乾脆不退了。日常生活中也有許多淤泥效應，大家不妨留意看看。

透過「選擇設計」來引導行為

那麼，如果我們主動設計出更優順序或選項，引導大家去做，是不是就會有更好的結果？或者增加較差選項的成本，促使大家別那麼做，整體而言會不會比較好？

這一思維叫做**「選擇設計」**，它已被多次實證為可行，能夠用在國家政策或商業管理上，《推力》一書裡就提到了學校食堂的管理經驗。

若在菜色完全不變的前提下，改變食物的排列順序，譬如讓炸雞薯條更顯眼，或把生菜沙拉擺最前面，會產生什麼效果呢？答案是，這會影響到學生們哪些東西吃得更多，因為學生們如果先挑蔬菜、蔬菜拿得夠多，後面的炸物自然就拿得少，甚至根本不拿。如果把順序反過來，炸物放前面、蔬菜放後面，那可能很多人就會只拿炸物了。據此，如果你想使學生們的蔬菜攝取量增加、肥胖率降低，選擇設計就能派上用場。事實上，很多人認為政府應該這麼做。

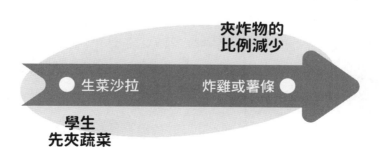

夾炸物的
比例減少

生菜沙拉　　　炸雞或薯條

學生
先夾蔬菜

或許有人會問：若想讓學生更健康，一開始就不要賣高熱量的炸物與汽水，不就好了嗎？但請注意，我們身處於提倡自由的社會，原則上應該開放夠多人們想要的選項，就算長期來看不是最好的做法。

也許有人會覺得奇怪，一方面開放眾多選項，另一方面又引導人們應該怎麼做最好，不是有些矛盾嗎？或者說，真有辦法做到嗎？經過長久以來的實際測試，的確在人們缺少深思熟慮、多用直覺判斷的種種情境下，使某一選項做來更容易、執行成本更低，大家實際去做的機率就會大幅提高。

換句話說，政府或官方單位，可以決定哪個選項對人們最好，並積極誘導民眾，但如果有誰堅持每天吃一堆炸雞薯條與反式脂肪酸，他也應該擁有這個自由。《推力》的兩位作者即指出：

選擇設計中若有任何元素嘗試讓人們的行為朝可預期的方向改變，但沒有禁止人們做其他選擇，或明顯改變其經濟動機，就是我們所謂的「推力」。推力的一個基本定義是，可以幾乎不費成本地輕易避開。推力不是課稅、罰款、補助、禁止或命令，例如將水果擺放在與眼睛同高的架上可稱為推力，禁止垃圾食物則不是。

用學術的角度來講，這屬於**自由家長制**（libertarian

paternalism），利用人類的心理偏誤來設計制度，讓人更容易選擇較優選項，但同時保留其它選項。這也延伸出正反兩邊的理解：反對者說這是把人們看得不聰明，所以需要更刻意指導；支持者說這是把世界看得太複雜，所以需要更多正確的推力。

就政治而言，選擇設計會延伸出的問題，是國家該給人民多少自由。但商業管理不太需要考慮這一點，對家樂福、全聯等超市來說，重點在於，商品種類這麼多，顧客一進來或結帳前會看到哪些商品，最有利於銷售呢？有沒有辦法藉由動線設計、陳列順序、優惠組合等設計，來賺進更多利潤？

答案是肯定的，最常見的思路就是：把利潤最高的、最多人會臨時起意買的商品，擺放在最顯眼的、必須經過的地方，譬如防疫專區有口罩、酒精、快篩試劑，聖誕節專區有紅酒、擺飾、造型巧克力。

克服人性的方法

由此可以看出，選擇設計的應用範圍極廣，甚至可能每年拯救成千上百條人命，比方說，把器官捐贈流程盡量簡化，讓原本傾向捐贈器官的人們可以輕而易舉地登記，而不用經過簽署、列印、郵寄或家屬同意等重重步驟。

我們可以把這稱為**「提示選擇制」**，例如線上報稅時，連帶跳出提示欄，並用幾個選項或幾次點擊就完成確認，從而提升同意的比例，以克服拖延或分心等狀況。當然，如果不想這麼做，只需一次點擊就可取消提示；若改變心意了，只要幾個選項便可立刻解除。

透過大規模的定期提醒與簡化流程，可望大大提高器官捐贈的登記比例。以臺灣而言，亟需器官者超過萬人，但每年的捐贈數量卻只有幾百人，中間顯然有著巨大落差。倘若大家每年都花一點點時間考慮是否登記同意，就有希望延續更多生命。

當然，在器官捐贈的案例裡，選擇設計並非唯一重點，因為死者家屬也參與了決策過程，尤其在意外發生時，家屬們的情緒往往不太穩定。究竟是否要完全依照生前登記，還是家屬也可以否決捐贈，應該是未來政策的重大考量。

　　回到選擇設計來說。只要詳加觀察就會發現，在日常生活之中，減少或增加選項的機會，其實比想像中要多，從提款機、小便斗或超市的案例來看，只要類似的事重複夠多次，加上人們主要靠直覺判斷來決定之，選擇設計就能派上用場。

　　那麼，我們準備好當自己的選擇設計師了嗎？

📖 延伸書單 ┈┈┈┈┈┈┈┈┈┈┈┈┈┈┈┈┈┈┈┈┈┈┈┈┈┈┈┈┈

▪ 凱斯・桑思坦（Cass Sunstein）著，《淤泥效應》，天下文化，2022。
▪ 理查・塞勒（Richard Thaler）、凱斯・桑思坦（Cass Sunstein）等著，《推力》（終極增訂版），時報文化，2023。

五分鐘燒腦練習

---

1. 你認為,由國家來規定,中小學全面禁售高鹽、高油、高脂的食物,算是減少學生們的自由,還是增加學生們的自由?哪些原因或理由,使你如此想?

2. 什麼是「錯誤選擇」?擁有選擇的自由,等於我們有權力去做錯誤選擇嗎?哪些原因或理由,使你如此想?

3. 你會同意,臺灣的器官捐贈政策,採取提示選擇制嗎?這樣做可能有什麼好處,又可能有哪些壞處?

18

換了位置就換了腦袋，真有這種事嗎？

　　社會上流行一句話，叫「換了位置就換了腦袋」，似乎只要登上了權力之位，思維就會變得不一樣，還經常每況愈下。另一種描述，是「權力使人腐化，而絕對權力使人絕對腐化」。

　　我們先來解釋何謂權力，尤其在政治或統治方面。按社會學家韋伯（Max Weber）的定義，權力是處於社會關係中的行為主體，不顧阻力、實現意願的可能性。權力越大，化解阻力的成本越低、實現意願的機率越高。從這角度來看，權力是一種工具，用得好就大家稱讚，反之則會迎來一陣痛罵。水能載舟亦能覆舟，權力本身沒有善惡對錯可言，好壞優劣全看人在什麼情境下如何運用它。

據此，你可能會覺得「權力使人腐化」、「換了位置就換了腦袋」有點奇怪，因為這強烈暗示了權力是個不好的東西，會「汙染」一個原本良善的人。先來看一個具體案例——史丹佛監獄實驗。這實驗在一開始便招募了許多自願受試者，隨機將他們分為獄卒、囚犯兩組，並盡量模擬監獄裡的真實情境，要求獄卒們徹底控管好囚犯們的言行舉止，以觀察大家的反應。結果顯示，囚犯很快地開始爭取自己的權利，而獄卒也漸漸變得暴力相向，雙方衝突持續升溫，直到第六天時，實驗因倫理問題而被迫中止。很少有人預期到，看起來友善的一般人在擔任獄卒之後，竟在短短時間裡就化身成為施虐的惡人，這種情況何以發生？是因為權力本惡還是人性本惡？

權力之惡還是人性之惡？

　　換個方式來講，當歷史上一再出現「人若權力越大，越容易運用權力來做惡或變得自私自利」時，我們可以歸納出至少兩種原因，一是權力，二是人自己。據此，對於某些飽受批評的掌權者，我們有時很難判斷這屬於以下哪一種：

1. **權力之惡**：有些人相信權力會使人由善轉惡，無論是誰，就算他原本是個大善人，權力也會使其逐漸

腐化，進而成為壞人。

2. **人性之惡**：也有人主張，人本就傾向腐化、本就喜歡
爭權奪利，但平時善於偽裝或缺乏自覺，直到掌握
大權、失去制約後，才終於露出了真面目。

那麼，哪個觀點才是對的呢？歷來爭論很多，值得注意
的是，也有一項延伸研究指出，相較於其他心理學實驗，看
到監獄實驗並主動前來應徵者，侵略性與獨裁主義的指數
明顯較高，同理心與利他主義的指數明顯較低。若這點為
真，它顯然代表：**社會上有善人也有惡人，而有權力的位置更
會吸引惡人追逐。**

講到這裡，我們稍微整理一下重點。首先，權力越大的
話，做好事越有力，做壞事也越有力；再來是，很多人會刻意
追逐與爭取權力，尤其是想要以權牟利的惡人。那麼，當一
個好人掌握權力時，是會用力做好事，還是也難免墮落呢？
如果是前者，所謂「權力使人腐化」，其實只描述到本來就
腐化的人；若是後者，就代表權力真的是一種汙染源。

事實上，監獄實驗的設計人津巴多（Philip Zimbardo），
主要採取「體制惡」的解釋：在特定情境下，人性中惡的一
面會被強化與釋放，尤其是遵循體制目的，並據此獲得權

力控制他人時。

在監獄實驗裡，獄卒認知到的體制目的是必須徹底控制囚犯的言行舉止。而當他們被問到為何暴力相向時，有人說是那些垃圾活該（醜化對方、去人性化），有人說這是為了好好管理囚犯（為了完成目的而允許偏差），也有人表示自己只是做好分內工作（我只管服從命令，其他事不清楚）。再延伸下去就是，即使不是惡人，就算多少感覺得到體制目標與當個好人相衝突，但如果不得不留在體制內，為了解決這種認知失調，就會忽視自己是否為善，反而替體制目標尋求藉口。在這種情況下，如果難以推翻體制，好人看來只能選擇離開，或者是把壞事做得盡量不壞。

認知失調

曾有幾位心理學家，潛入一個宣稱世界末日即將到來的宗教團體。相信末日預言其實並不奇怪，但認定幾年之後會有外星人飛碟來把信徒接走、躲避末日，這就真的很奇怪了。

該宗教團體預測的精確日期是1956年12月21日。這群心理學家很好奇，當那天結束而信徒們發現飛碟沒來、世界也沒毀滅時，究竟會發生什麼事。答案是，

他們混亂了幾個小時，直到教主想出了新說法：「是因為信徒們的虔誠，才保護了地球獲得安穩。」

這衍生出了認知失調理論──當外在事件與內心信念落差太大時，必然產生焦慮與壓力，為了化解它，人們會不惜相信一些荒謬的說法。這有時被拿來解釋為何有些人在從事低薪工作時，會說服自己是出於興趣而非為了錢。

廣義而言，每個人或多或少都經歷過認知失調，如同監獄實驗裡某些人的狀態，但後續調適得好不好就是另一回事了。根據這一理論，有時人們需要的並非說道理，而是排解焦慮與壓力的恰當方式。

進一步來說，如果這個體制與環境，就是被設計成必須要做壞事，那麼就算掌握權力的是好人，他也會逐漸覺得壞事沒有那麼糟。可是在外人眼裡，會認為這些人是因為「換了個位置就換了腦袋」，否則他為什麼不離開？這種解釋把主因指向體制之惡，而權力是體制的一個必然環節。當然，並非所有體制都是被設計成惡的樣子，很多時候我們也能逐步改善體制，但體制給人帶來的強大影響是不爭的事實，無論是心理上或行為上。

權力對人造成的傷害

另一個類似解釋，是**權力弱化了人性當中好的一面**。因為掌權者往往不太需要理解他人的處境，甚至會刻意忽略他人批評，這將導致欲求心漸漸鮮明，而同理心隨之被隱蔽。宋代儒家強調做人不能麻木，要能理解他人痛感，也是同樣的道理。

此外，《腐敗：獨裁者與他們的產地》一書中提出了一個有趣觀點：權力使人更容易面臨艱難處境。就算好人初心不變，只要被放在糟糕的體制或環境內掌權，由於並不存在面面俱到的選項，就常常被迫要做出很差的決定，於是他被逼得「看似相當邪惡」。

2003年初，資歷良好的美國外交官布雷默（Paul Bremer），接下了在伊拉克建立民主政體的任務。這絕不簡單，因為在海珊政權解體之後，巴格達幾乎是一座弱肉強食的城市，到處都可以看到搶劫的人。布雷默一度主張，應該准許士兵射殺任何搶劫的人，並強制關閉了一家煽動暴亂的報社，消息傳回美國國內，頓時一堆媒體說他是個殘忍的獨裁者。但事實是，一年後布雷默把全部權力移交給新的臨時政府，永遠離開了伊拉克。作者以此宣稱：一個繼承了壞體制的好人，必須做出好體制下毫不必要的抉擇，因

為壞體制帶來了先天限制。

　　說了這麼多，相信大家已經發現：關於權力與為惡，也有太多的解釋，似乎不是「權力使人腐化」或「換了位置就換了腦袋」所能道盡。在人類歷史上，權力的確常常和壞事掛勾，但不同事件的原因可能不太一樣，要採取哪一種解法，可能還是得逐案分析。

　　總之，如果我們相信權力本惡、權力使人腐化，或至少大幅削弱了人性之善，解法自然就是制衡權力本身、使權力別太過集中，並盡量阻止腐化過程。但如果我們相信的，是權不迷人人自迷，那麼解法就是事前預防、事中檢驗、事後懲罰，也就是盡快把腐化者給拉下臺，並確保良心者更容易踏上舞臺。而如果我們相信，掌權者之所以做壞事，是受困於壞的體制或環境，導致他不得不做出壞的決定，或許就得從體制面來重新設計或逐步改良。

　　最後，希望大家能記得一件事：權力的確可能使人腐化，但若人類社會確實有越來越好，代表權力也可以使人淨化，或我們能控制它往淨化的方向走。

📖 延伸書單

- 菲利普・津巴多（Philip Zimbardo）著，《路西法效應》，商業周刊，2008。
- 布萊恩・卡拉斯（Brian Klaas）著，《腐敗：獨裁者與他們的產地》，平安文化，2022。

五分鐘燒腦練習

- -

1. 「換了位置就換了腦袋」是什麼意思？請稍作解釋，並舉出幾個你曾見過或聽過的例子。

2. 有些人認為，壞人更有動機去求取權力，而好人反而不太有。你同意這個說法嗎？哪些原因和理由，使你如此想？你覺得這是好事，還是壞事？

3. 在體制基本良好的情況下，我們要怎麼保證，既有良心又有能力的人，更容易得到政治或社會上的大權？請盡量列舉可能的方法。

19

絕對正確的價值觀
是否存在？

　　哲學上有種說法，叫做「道德相對論」，認為絕對正確的價值觀並不存在，一切都是相對於社會文化而言的。換個角度來說，道德並不代表客觀或普遍的真理，它總是附屬於特定的時空背景。

　　這看似解釋了不少現象，像是在不同的社會文化中，大家看待同性婚姻、素食齋戒或女性義務教育時，會有高度支持、激烈反對等不同觀點，還往往堅持己見。然而，如果我們把這種固執己見說成必有道理，就很容易引發一種質疑：難道傳統的習俗或慣例（如奴隸制度），就必須無條件保留下去嗎？

價值觀受能量捕獲模式宰制？

接著，我想和大家分享其他學者對於道德相對論的不同理解，並據此延伸討論。歷史學家摩里士（Ian Morris）在《人類憑什麼》中，主張人類在捕獲能量上的量級與效率，決定了價值觀的樣貌。也就是說，價值觀附屬於能量捕獲，被能量捕獲的狀況所決定。

我們先來解釋一下。首先，人類的生存發展需要能量，而人類群體若是越大、越進步，所需要消耗的能量就會越多，能量捕獲及其分配也就越重要，譬如漁獵採集時代的共產制、農耕畜牧時代的階級制、化石燃料時代的自由制，都是這樣發展出來的。也因為如此，**人類群體傾向採用「能量捕獲效率最高的價值觀」**，這樣做的群體可發展壯大，反之則遲早會滅亡或被征服。

人類為了生存下去，需消耗能量

↓

群體越大，耗費的能量越多

↓

漸漸採用「能量捕獲效率最高」之模式

　　由此觀點出發，古今中外的那些道德哲學家或宗教家，如柏拉圖、孟子、朱熹或康德等，都只是在爭論哪套價值觀對當前的能量捕獲而言最好，或至少最符合他們預期。總之，價值觀無法脫離它們附屬的現實世界，所以摩里士宣稱：如果能量捕獲影響價值觀的論點正確，也許這種法則就證明了兩點：

1. 試圖找出適合所有人類道德觀這種完美系統的道德哲學家們，其實是在浪費時間。

2. 認為在即將到來的某個階段中，我們（無論「我們」的定義為何）當今重視的價值觀很可能會再也無法提供幫助。

　　這個思路其來有自。生物學家威爾森（Edward Wilson）曾說，人們應該考慮一種可能性，就是把道德移出哲學家的控制，並將其徹底生物學化。

　　這一思維，試圖把道德體系，說成是人類自行發展出來的，是因應繁衍驅力、追求生存優勢的結果，它不是一種真理概念，而是「如何適應環境」敘事下的環節之一。摩里士的論點，就是這種思路的延伸。

價值觀是否有好壞優劣之分？

　　摩里士真正想表達的是，哲學家替價值觀所建構出來的理論或理由，跟價值觀何以好用、何以最利於能量捕獲相比，基本上是兩回事。無論哲學家們有無意識到這點，價值觀的好壞優劣最終都是被後者所決定。這會延伸出幾個特殊論點：

1. 價值觀沒有正確或錯誤可言，只有好不好用、是否適用。

2. 只要在特定環境下，對能量捕獲可能最有利，任何價值觀都值得一試。

　　這顯然不是哲學家們會喜歡的東西，事實上，哲學家柯思嘉（Christine Korsgaard）在後續討論裡就與摩里士互相對立。雙方的看法迥異，但我只以這點為核心：究竟我們能不能徹底區分出，正確的價值觀與好用的價值觀？

　　長久以來，這個區別對很多哲學家而言理所當然。他們相信，一套正確的、代表真理的價值觀確實存在，儘管可能會被某些人事物所影響，從而導致曲解或錯誤認知。就像是數學題目一定存在一個正解，但人們可能會計算錯誤，從而得出不對的答案一樣。道德題目也必定可以基於一套正確理解與運算，來得出正確答案，只是人們可能想錯或算

錯。儘管當代哲學家們，更傾向價值觀源於人類原本就擁有的反思能力，但他們依然會使用「正確」一詞。

思考工具箱

相對主義

每個人心中，都有測量好壞對錯的一把尺，但每把尺的刻度都不太一樣。這被稱為相對主義——任何好壞對錯的判斷，都是出自一套既有的論斷標準。如果一開始即不存在絕對的判斷標準，也就不存在絕對的好壞對錯。

在強調價值多元的今天，相對主義更受歡迎，因為它看似包容了多元的觀點與不同的做法。但這也會遇到一些極端的反例：對於割禮、裹小腳、奴隸制度，我們該說這些是值得尊重的價值嗎？會因相對主義而選擇放任嗎？

很多哲學家認為，人類社會一定存在一些共同價值，是不能被相對化的，所以也一定有些事情，是不該被放任的。

而按摩里士的思路，價值觀上所謂的對錯、真偽或正邪，最終都可以看成「好不好用」。也就是說，**區分正確、好**

用兩種價值觀毫無意義，因為我們應該從功能替代的角度來看待整件事：價值觀的核心功能，是能量捕獲的量級、效率與分配，如果新出現一套功能更強大的價值觀，那它遲早會把舊的給替換掉。更直白地說，好用的東西用久了，就會被視為正確的。

對此，柯思嘉不甘示弱，她指出摩里士是用「價值觀如何演變」來決定「價值觀有無對錯」，而且這個演變純粹是由社會需求（譬如能量捕獲）所推動。但哲學家更偏好另一種啟蒙觀點：人類具有價值反思的能力，而隨著文明的演變與進步，這能力最終會使我們越來越理解正確的價值觀為何，並實現在日常生活之中。然而，這種邁向正確價值觀的進程，常常會被其他動機（如追求私利）所扭曲，所以到了20世紀，還是有某些族群被奴役、壓迫甚至屠殺。

找到「正確價值觀」了嗎？

從人類文明的發展史來看，我們正漸漸趨近於正確的價值觀，至少對它的理解越來越清楚明白，聯合國通過的《世界人權宣言》就是最佳證明。這同時也代表，世上有些事自始至終就是錯的，無論當事人做此決策時認為自己多麼正確。

柯思嘉以曾獲2014年諾貝爾和平獎的馬拉拉（Malala Yousafzai）為例，說馬拉拉因堅決主張女性也有受教育的權利，而在上學途中被槍擊。這在道德上無論如何都是錯的，但摩里士的說法卻強烈暗示，在某些為了「便利好用」的情況下它可以被接受。因此，柯思嘉在書評裡如此說到：「如果他認為因為女孩們想了解自己居住的世界，就因此射殺她們以作為懲處此舉沒有錯，或此舉並非總被認為錯誤，我就只能說，他是個不相信真道德價值觀存在的道德偽君子。」

事實上，摩里士自己也認同馬拉拉不該受此暴力，覺得開槍者做錯了，但他堅持，自身判斷不總是能套用於所有時空背景或社會文化。再更深入點講，摩里士應是認為，一定存在著某種社會情境，使得現代人看起來極不合理的事，其實利於當時的能量捕獲模式。相較之下，柯思嘉則主張，馬拉拉遭受到的暴力絕對不可能是合理的，那種使其合理的社會情境不可能存在。儘管經過許多討論，雙方態度依然是針鋒相對，似乎沒有得到共識。

而我想補充的是，過往很多人在談「正確價值觀」時，教條的意味濃厚，似乎只是在鼓勵大家跟著做，而不太願意聽到質疑的聲音；相較之下，**當今的哲學家相當強調「討論」，認為這是說服過程當中的必要環節**，比如我們先肯定

了自由、人權、責任等概念，再來談談該怎麼理解或實行最好，才能盡量說服更多人。

　　那麼，摩里士的說法，有推翻掉自由、人權、責任等價值概念的正確性嗎？在我看來應該是沒有，無論是意圖上或論點上。如果這一點為真，這裡可以導出一個初步結論：也許我們還沒找到理解或實行這些價值的最佳方式，甚至方式會依時代或情境的不同而有變動或改進。但可以確定的是，《世界人權宣言》應該是當今最有公信力，甚至最接近於「正確價值觀」的一套說法。因此，摩里士所帶來的挑戰更像是，我們在執行手段上可以容許到什麼地步，比如說，如果有人宣稱槍擊無辜孩童有助於達到自由與人權，是否可能存在任何一種情況，使得這一宣稱為真？這問題值得大家一起來思考看看。

📖 延伸書單 ⋯⋯⋯⋯⋯⋯⋯⋯⋯⋯⋯⋯⋯⋯⋯⋯⋯⋯⋯⋯⋯⋯⋯⋯⋯⋯⋯⋯⋯⋯

▪ 伊安・摩里士（Ian Morris）著，《人類憑什麼》，堡壘文化，2021。

五分鐘燒腦練習

- -

1. 「好用的東西用久了，就會被視為正確。」你認為，這個說法是好是壞？請試著說明理由。

2. 歷史上的許多人類社會，都有奴隸制度的存在。你認為奴隸制度有存在的必要嗎？哪些原因或理由，使你如此想？

3. 1948年，聯合國大會通過了《世界人權宣言》，認為所有人都應享有基本人權。你同意每個人都該擁有它們嗎？這算是「絕對正確的價值觀」嗎？請說說你的看法。

chapter **3**

關於
時代變化

共同打造一個更好的世界

著名的人類學家米德（Margaret Mead）演講時，有位聽眾問到：「文明的第一個標誌是什麼？」先解釋一下，當我們談到「文明」時，通常指人類種族在地球上所達成的各種文化成就。如今大部分人抱持著素樸的文明樂觀論，認為文明原則上是持續進步、越來越好的。

這蘊含了某種問題意識：什麼促成了文明進步？文明進程的根本動力是什麼？有哪些事件或事物象徵著進步的里程碑？那時很多人以為，米德的回答會跟科技進展有關，譬如武器或農耕技術等等。

沒想到米德卻說，最讓她感受到文明進程的東西，是一根明顯有著癒合痕跡的大腿骨。在弱肉強食的世界裡，一旦受傷就等著被落井下石。但人類天生有著同情心與互助精神，他們會照顧傷者並等他康復，那根大腿骨便是明證，那便是文明的標誌。

本篇想要呈現的，即看待歷史進程或文明趨勢的宏觀視角。這類議題有一種性質：乍看之下離日常生活很遠，但若拉長時間來看，它的確一點一滴地在造成轉變。希望這能替大家帶來一些知性樂趣，幫助你開拓眼界。

20

讀了這麼多書，
就一定能得到智慧嗎？

　　什麼是智慧？為什麼那麼多人說，人生應該追求智慧？
每個傳統文化都有自身的智者典型或智慧典故，一般來說，
擁有智慧的特徵大致包括以下幾點：

- 面對模糊性或不確定性時，能夠做出最佳決定或創
  造更佳選擇。

- 考慮自己與他人、當下與未來、理性與感性的平衡。

- 知道何時該遵守規則，以及常規何時不再適用。

- 了解不同事物的優先順序，並能妥善安排它們。

- 恰當理解、詮釋及預測他人的心態和行為。

　　這麼看來，智慧真是個好東西，可以讓自己獲得成長也

幫助了他人，人人都希望追求這樣的境界。那麼，我們要如何獲得智慧呢？用功讀書有幫助嗎？遺憾的是，在平常的生活經驗當中，高學歷者不一定相當於「有智慧的人」。

這是怎麼一回事呢？先分享《莊子》裡的一個小故事。有一天，齊桓公正在讀聖王之書，製造車輪的工匠看了便說：「聖王已經死了，那讀的也只是古人糟粕[1]而已。」齊桓公聽了非常生氣，想不到工匠卻繼續說：「我是從自己的經歷得知的。製造車輪，尤其在組合輪子與輪心時，速度必須不疾不徐，太快會很難插入，太慢則很難堅固。我無法用語言文字讓我兒子領會，所以70歲了還在這裡工作。同樣地，古代聖王已經死了，那些不可傳的東西也早已消失，光讀他們的書是沒用的。」

由此出發，如果我們把智慧看成一種實作技藝，比如當今運動場上的球員實力，就會知道光說不練是無用的。眾所皆知，就算看喬丹灌籃幾百次，或看梅西射門幾百次，不代表打球或踢球的技術一定能夠進步。有些人把這類狀況，視為「**內隱知識**」與「**外顯知識**」的差別。

---

1 比喻粗劣無用的東西。

內隱與外顯知識

內隱知識、外顯知識的概念，是由匈牙利裔學者波蘭尼（Michael Polanyi）所提出的。他認為，所謂外顯知識，是能被人類以一定符碼系統（語言、圖像、數字等）來完整表述的知識；相較之下，內隱知識往往「只可意會不可言傳」，無法單靠理性認知就完全把握，通常與文化背景有高度相關。

當然，這並非表示內隱知識不可能傳授。大致說來，如果採取良好的師徒制，通過一系列的實踐、指導與鍛鍊，尤其是對身處環境或體制的認識，一般人也可以藉由此形式來習得。例如有指導員輔導的企業實習制度，有助於實習生學到產業相關的知識。

提供一種簡單粗略的辨別方式，無論什麼問題，任何看了 YouTube 影片，就能現學現賣、完成度接近七八成的事物，通常屬於外顯知識。如果需要高手指導或長期鍛鍊才能做到，則多半屬於內隱知識。

智慧從何而來？

必須注意的是，雖然書讀得多不等於擁有更高的智慧，卻不代表讀書一定無助於獲得智慧。那大多是因為沒

有主動應用與練習，或所獲知識與現實環境落差太大的結果。有個常見的譬喻是，如果資訊是散亂的點，知識就是把這些點連成有用的線，而智慧就是在各種線頭當中，取出最符合當下情境的那一條。若從這個角度來理解，**智慧並非天生的，它需要練習與積累**。此外，平日就應該儲備知識，必要時才能盡速轉換成可實踐於當下的智慧。因此，讀書所獲得的知識，是發揮出智慧的一種先決條件，反之若缺乏充分的知識量，可能就沒有智慧可言了。

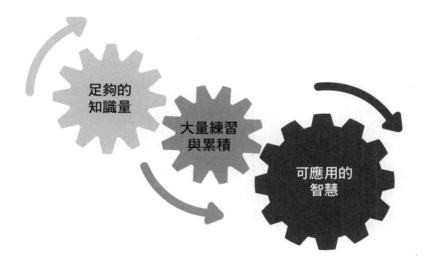

　　舉個實例。有些學歷很高的華人，不滿於自己兩點一線的生活，想要移民到歐美尋找更多自由。不少人移民成功了，但在融入當地、重新與周遭人打交道的過程中，卻遇到

了一些困難。他們驚覺自己一點都不有趣，講不出對現實的幽默觀察，不太擅長small talk（閒聊）。也由於這種社交困境，讓他們發現自己想像中的自由，需要更多東西來支持。

後來有人找到一個好方法，就是多吸收書中的名人案例或文史哲典故。比如孟子跟齊王分手時，之所以在邊境滯留多日，是希望得到對方挽留，如果等不到挽留，孟子才能說服自己徹底死心、毫無後悔。知道了這些小故事，之後在找話題時，就可以說古代的某人在遇到某種情況時，做了哪些事，又得到了什麼結果。這時他們才發現，那些「考試不會考的東西」未必無用，而是在不同時空環境或情況下才會用到。

由此可見，**智慧始終在於人們如何去運用知識**。與其問智慧是什麼，不如問智者做對了什麼。也因為如此，儘管文史哲等學科大量記載與分析了這類過程，但如果你不能把它主動轉換成適合自己運用的形式，這些書中的智慧就如同死物一樣。所以智慧也必然要考量到靈活性，並且要能因時制宜。

智慧的重要用途

談到這裡，不知大家有沒有這樣的感覺，智慧似乎是

一種快速解決問題的能力，或說把問題解決到盡量完美，讓所有人都滿意？的確，在面對重大課題或災難，尤其出現許多傷亡時，如果有人挺身而出、帶領大家克服了一切，人們會視他為英雄。但也有一種智慧，是替未來的狀況做好準備，而這樣的智者不見得會在歷史裡留下姓名。

先講個小故事。1943年左右，一個居住於澳洲西部沙漠的、以狩獵採集為主的部族，面臨了嚴重乾旱，食物與水源都開始短缺。於是他們聚集起來討論該怎麼辦，忽然有個老人回憶起自己接受成人禮的儀式歌曲裡，有提到幾個先祖曾經漫遊之處。結合歌曲內容與地貌標示，老人帶領大家穿過由50-60個小水坑相連接、長達350公里的沙漠，最終抵達了西海岸，成功生存了下來。

看似無意義的儀式歌曲，其實是幾乎失傳的口述地圖，在數十年一遇的乾旱下，最終指引部族走出了一條生路。尤其令人類學家感到吃驚的，是這一古老智慧的起源：部族先祖們一定曾耗費不少時間甚至血淚，才探明了這條保存血脈的道路，並將其用儀式歌曲的形式傳承下來。但這些智者們沒有留下任何名字，甚至只存在於後人的推論裡。

這個故事告訴我們，討論「被預防的災難」，並思考其

中可能蘊含什麼樣的正確決策，是練習智慧的最佳方式之一。因為人們都知道「預防永遠勝於治療」，但人們也總是更關注挽救危亡的英雄，而非一開始就避免災難的智者。

總之，「智慧」一詞所蘊含的意義相當豐富，這裡無法一一盡述，只能強調幾點。

首先，讀書不見得能帶來智慧，但它可以提供智慧所需的先備知識。至於未來會需要哪些知識，又該如何恰當應用，則必須結合自己的處境來做考量。

其次，由於智慧需要一再地練習、修正與積累，有時候讀越多書，越有益於這個重要的過程。也因為如此，讀書更應該結合實踐，以達成更好的效果。

最後，智者固然會解決問題，但更傾向去避免問題。讀書最可能的有用之處，便是協助我們預先判斷，未來可能會出現什麼樣的問題，又該如何去避免它。

📖 **延伸書單**

- 約瑟夫・亨里奇（Joseph Henrich）著，《人類成功統治地球的秘密》，中信，2018（簡體）。
- 迪利普 傑斯特（Dilip V. Jeste）、史考特・拉菲（Scott Lafee）著，《智慧的科學》，本事，2021。
- 史蒂芬・霍爾（Stephen S. Hall）著，《智慧之源：從哲學到神經科學的探索》，時報，2022。

五分鐘燒腦練習

1. 談到智慧，你會聯想到哪些人、事或物？或者說，哪些人、事或物，會讓你覺得「這樣做真聰明」呢？請盡量說說看！

2. 你認為自己或周遭的親朋好友擁有哪些內隱知識？請列舉至少三項，並說說它們為何是內隱而非外顯知識。

3. 有人說，大家總是更關注挽救危亡的英雄，而非一開始就避免災難的智者。你同意這一點嗎？為什麼有人會如此認為？哪些原因或理由，使你如此想？

21

文組科系正面臨怎麼樣的危機？

　　臺灣社會有個流傳已久的說法：文組就業難、薪水低；而理組就業易、薪水高。尤其是當哪個科系甄選不再採計國文成績，或哪個文組科系又宣告解散時，特別會出現「人文素養有什麼好處」、「文言文何用」的聲音。

　　事實上，臺灣不是特例，文組科系所面臨的種種問題，某程度上屬於全球的趨勢。比如在2016年時，日本政論雜誌《中央公論》以「斬殺國立大學文科無用論」（国立大学文系不要論を斬る）為封面標題，以及後續出版的《「廢除文科學部」的衝擊》（「文系学部廃止」の衝撃）等書，引發了一波國際輿論，也討論了學生就業困難、系所預算削減等各種狀況。

這裡所謂的「文組科系」（以下簡稱文科），是指隸屬於文、法、商、人文社科院的各個系所，尤其是強調價值規範或傳統學術的學科領域，由於不易與科技、經濟、就業市場等有直接連結，難以轉換成所謂的產值。在此思路下，有些學者主張削弱文科，譬如《為什麼是歐洲》一書就直截了當地指出「文科生太多了」：

很多國家在觀察西方崛起時並沒有注意到，這一成功在多大的程度上是依賴於廣泛的教育、自由的思想、手藝工人的技術培訓和擁有科學技藝的工程師的創造。他們以為無論哪種學院教育都可以做到這些，因此花費了數以百萬計的美元去教育學生們法律、管理、社會科學、藝術、人文、醫學、會計甚至神學的專業傳統知識，而不注重培養工程技術和企業家才能，然而正是後者才能夠創造出一個可以養活大量人文學者和專業人員的現代經濟來。其結果就是大量接受了過度教育的人們大規模失業，從而更多造成的是社會動盪而不是經濟進步。

由此可見，文科面臨的挑戰絕不光是學生就業。在這種以經濟、科技為文明發展根本動力的史觀之下，文科是連教育價值都受到懷疑，甚至要為社會動盪負上一點責任。

人文學科遭遇哪些困境

所以，文科的危機並非空穴來風，它涵蓋了三大面向的綜合說法，包含就業難易、政策傾向與文明功能。

就業難易	文科畢業生就業難、薪水低
政策傾向	文科沒產值，該減少其預算、教職與學生
文明功能	對於推動社會進步，文科價值不易彰顯

我們先來釐清這三者之間的交互作用。首先，就業難度的問題跟政策傾向有什麼關係？

這兩者相互影響，還可能成為惡性循環。如果文科的預算、教職紛紛刪減，就業機會也會跟著減少。而就業機會不多的話，似乎也不用收那麼多學生，便進一步導致預算、教職名額的刪減。換句話說，就業強調的是個人機會，而政策則會影響就業環境的變化，兩者很難完全獨立討論。所以，如果我們想要證明文科尚未沒落，就不能只是輔導就

業、訓練技能，還應該想辦法維持友善的職場環境，而這就必須討論政策傾向。

　　其次，政策傾向的問題，又跟文明功能有什麼關係？兩者是否應該分開討論？以現階段來觀察，最多人研討的是就業問題、薪資處境，其次是政策層面，但文明層面卻少有人提及。

　　當然，雇主們可不會因為文科提出了哪些高明理論，就願意給畢業生更高的薪資，但我們必須說服政策制訂者**「文科能提供什麼獨特優勢」**，才能換來資源投注、維持友善的就業環境。也就是說，當某些人宣稱文科不值得政府刻意投入、已無法推動社會進步，甚至可有可無時，文科可以用哪些說詞來自我辯護？

　　文科內部的其中一種主張是，文科本來就有其獨特或難以取代的價值（譬如純粹的求知樂趣），無論大多數人是否理會、是否重視，這都不容質疑。那麼，文科又為何要去迎合就業與政策？

　　這類說法有其合理性，但必須注意的是，如果不去關注就業與政策層面，而使文科不受世人重視，年輕世代也將難以了解文科的價值，畢竟現今這種以「市場機制」和「投資報酬率」來衡量學科價值的教育觀，勢必會影響到學生對科系的選擇。如果我們想要將「純粹的求知樂趣」給

傳承下去，維持「文科地位」還是有其必要的，儘管這種樂趣不見得人人都有。

綜合上述，如果想要解決或減緩文科危機，其中一種論述策略是：

1. 文科產出的公共財，在現有市場機制下不易訂價，但它對維繫社會有著重要作用。

2. 文科確實有助於經濟增長，只是其產值往往被歸到其他產業。

事實上，聯合國教科文組織（UNESCO）於2022年就宣示：文化屬於一種「全球的公共財」，並肯定了它對人類文明發展的影響力。

很可能有人覺得，這一切都只是危言聳聽，文科根本沒面臨什麼危機，更不需要把自己說成公共財。然而，除了「經濟成長主要靠科技業」，確實也有其他論點預測了文科的衰微，比方說，如果人類文明真的完全消滅了不公不義，那接下來的生活其實會跟滿足的動物非常相像，而哲學的發展也會失去必要性。舉例來說，如果哲學的任務是讓人類文明變得越來越好，那當人類文明真的完美了，看來我們就再也不需要哲學了。

變現模式

「文科無用」的說法可以區分成兩個意思：一是文科畢業賺不了錢，二是社會根本不需要文科的知識。很多人會強調第一點，但完全支持第二點的應該屬於少數。這就導致了一個有趣的現象：如果文科的知識有其必要，那為何賺不到錢？

其中一種解釋就是缺乏變現模式。必須想辦法在人們取用知識的同時也願意付費，能形成某種習慣或風氣最好。現階段而言，目前延伸出了書籍、課程、網路廣告、直播抖內（donate）或各式文創產品，某些媒體採取的則是訂閱制。

逐漸成熟的人類社會

延伸來看，或許文科最重要的歷史任務，就是設計出理想社會的結構、制度、概念語詞，但這些東西早在20世紀末便已大體完成。

也就是說，相較於先前的戰爭、饑荒、瘟疫不斷，理想社會的基礎要素已經漸漸完備了，既然人類文明已走到最

終的穩定階段，在社會型態不再有太大變動的情況下，歷史已經接近完成或走向終結了。

當然這並不是代表人類社會至臻完美，而是我們已知道完美是什麼樣子，剩下的只是有效率地實現它。或者換個方式來說，我們對於民主、自由、人權、平等、正義等概念已經清楚了，目標變得非常明確，剩下的只是怎麼實踐或達成共享而已。

但是，在確實執行或資源運用的效率上，我們需要的是理工科技或政策研究，文科對此已沒有太多著力點了。也就是說，**文科的功能有其上限，而對未來社會而言，這種功能可能已經走到盡頭了，或不如過去顯著。**

當然，這只是一種宏觀的論點。就算它大體正確，後續影響也可能要上百年才會顯現，而且並不是所有人文科系領域都是致力於設計出理想的社會。但它確實令人思考，文科生該如何說服大眾，自己在社會發展當中仍然是必要的一環，如果你把人文學科當成志業，這會是一個不得不回答的問題。

最後，引用我相當同意的《2020臺大人職場手冊：大學無用論？》的一段話作結：「現在的大學課程設計偏向將學

生培養成學者，讓文科產學分離的情況嚴重，也才導致文組生恐懼畢業即失業的狀況。羅傳樵認為有資源、人脈的學校應該積極建立起與學科相關的產業，而不是覺得學生應該自己解決就業問題，否則此狀況永遠沒辦法改善。」

📖 **延伸書單** ···

- 吉見俊哉著，《「廢除文科學部」的衝擊》，上海譯文，2022（簡體）。
- 傑克・戈德斯通（Jack Goldstone）著，《為什麼是歐洲》，浙江大學，2010（簡體）。
- 法蘭西斯・福山（Francis Fukuyama）著，《歷史終結之後》，開學文化，2022。

五分鐘燒腦練習

1. 如果我們從現在開始廢除文科，使大學內不再有人文科系，社會將會變成什麼樣子或發生哪些事？請發揮你的想像力，至少列舉三項，並說說為什麼會如此。

2. 有人說：「既然人文科系有政府的財政支持，政府就可以決定人文科系需要做到什麼事，譬如增加畢業生的就業競爭力。」你同意這個說法嗎？請盡量詳述你的理由。

3. 你認為從文明發展或社會進步的角度看，理工科真的比人文科重要嗎？如果是的話，政府應該鼓勵大家多多就讀理工科嗎？哪些原因或理由，使你如此想？

22

一開始就沒出生，
是不是比較好呢？

　　網路上有時會討論到：「一開始就別出生，是不是比較好？」當然，我們已經出生在這個世界上了，發生的事並沒有辦法改變。所以在這樣的脈絡裡，重點不在於自己該不該出生，而是未來生育子女與否，或我們生育子女之前，必須做到些什麼。以下先避開一出生就殘疾或重症的狀況，把重點放在後天環境或教養的影響。

　　在許多人的成長經驗裡，意識到了家庭背景對於個人成就、主觀心態的影響。據此，當他們面對婚姻生育時，常常就會去問：「如果父母不能提供子女充分優勢，例如經濟支持或教育環境時，是否根本就不該生育，以免子女將來事事落後、過得特別辛苦？」延續這個脈絡，更「簡單粗暴」的問法是：「父母為何要生下我？」「與其只能窮養，乾脆不要

生?」「注定無法翻轉階級的話，是否別出生比較好？」

　　哲學上也有討論類似問題，大致可分為出生、反出生兩種立場，以下與大家分享反出生的幾種觀點。（這裡不討論自殺問題，因為反生育無法把自殺合理化，反生育論者也多不支持自殺。）

觀點一：人生的痛苦遠大於快樂

　　首先，如果純粹從個人感受到的痛苦出發，很可能得到「早知如此艱難困苦，我寧可沒出生過」的結論。必須注意的是，這樣的出發點未必否認了人生快樂的可能性，如果可以有快樂的路走，或能夠選擇更快樂的生活，有很多人會躍躍欲試。雖然自身甚感痛苦，但若人生真的邁向了滿足與快樂，「反出生」的動機也就跟著消失了。所以，我們可以藉由改善人生、改進社會，來消解第一種觀點。

觀點二：人生的快樂都只是暫時的

　　也有些人更加悲觀，認為人生本來就是痛苦的，無論發生什麼好事，都只是短暫的，「無論展開什麼人生，我都

寧願沒出生過。」簡言之，無論怎樣的人生，他們覺得活著本身就是痛苦，或痛苦總是遠勝於快樂。也許有些人的快樂時刻多一些，或主觀上感到幸福美滿，但這並未改變人生蘊含的種種苦難。從佛教生老病死、成住壞空[2]的生滅循環觀來看，快樂只是表象，愛別離、怨憎會、求不得才是永遠避不了的東西。

　　不過，我們有方法來減輕這些痛苦、避開這樣的傾向，譬如佛教談的種種修行，或悲觀主義哲學家叔本華（Arthur Schopenhauer）說的**捨棄存活意志**。在叔本華看來，個體的努力存活，與其說是熱愛生命，不如說是因為恐懼死亡。由於生命是逐步邁向死亡的存在，抵抗死亡的努力永遠不會真正成功，反倒可能越抵抗越痛苦。那樣的話，還不如早點超脫生死、捨棄存活意志，再重新理解我們在這世界裡的旅途。

---

2 佛教中的概念。在佛教的時空觀裡，以劫為基礎，來說明世界生成與毀滅的過程，而一個世界從成立到毀滅，其過程必經歷成、住、壞、空四個時期，又稱為四劫。

觀點三：反對人類進行生育

　　有些人會把注意力擴大到人類與世界的關係，不但認為人生充滿痛苦，還主張人類都不要出生比較好。更可能會直接說：「人類種族的繁衍，本身就是個嚴重的錯誤。」《生兒為人是何苦》的作者貝納塔（David Benatar）就在書中指出了痛苦與快樂的不對稱性：

　　就算是幸福美滿的人生，只要曾發生如同針尖被刺的痛楚而產生汙點，這樣的人生就一定比不存在的人生更差。

　　也就是說，無論這世界再怎麼美好、這社會再怎麼滿足欲求，人類就是會感受到痛苦，不存在任何彌補的解法。正因如此，生育更多後代，也只是使痛苦繼續增加而已。所以，貝納塔主張世上不必有人類，人類應該藉由反生育（而非自殺）的方式，逐步走向滅絕。更極端的一種說法是，人類在逐步滅絕的同時，還應該想辦法阻止生物進化的歷程，以免人類又自然演化出來。

由少數掌權者來做決定

　　上面談了幾種比較悲觀的論調，但依然有許多人抱持

不同的想法。世界上充滿了種種痛苦，歷史上也曾有無數苦難，但隨著人類文明的進步，這些苦難已經被消除了大半。倘若我們相信，未來不會出現世界末日等級的災禍，甚至預期社會總是逐漸進步，那還需要這麼強烈地反對生育嗎？

美國哲學家溫伯格（Rivka Weinberg）便試著提出，人們生育前應先滿足的兩個原則：

1. **動機限制**：生育行動本身必須出於愛護、養育孩子的意願與渴望。

2. **風險認可**：在了解養育環境可能有哪些風險時，唯有你自己願意在這些風險下出生，並充分了解怎麼應對，才可以讓孩子也承受它們。

日本哲學家森岡正博則補上了一個責任說明：父母必須下定決心，當孩子懷有否定出生的想法，詢問「你們為什麼生下我」時，必須誠實回答、積極應對。

歸根究柢，這是一個父母掌握權力、替孩子做決定的狀況。事實上，在任何群體或社會裡，都難免得讓少數有權力的人替大家做決定。如果事先能取得大家的討論與同意，那當然是最好，只是很多時候不容易達成，或因耗費太多成本而沒必要。為了應對這類狀況，有一種思路是，要求權

力者先行思考：如果自己有可能隨機變成受影響的任何一個人，或者有可能變成在這決定下受害最深的人，你還會下此決定嗎？怎麼做會更好？

這個原則有一些變型或應用版本，譬如切蛋糕問題：巧克力蛋糕給三個人分，大家都想吃更多蛋糕，但切的人只能有一個。在這個情況下，有沒有什麼方法，可以讓大家都吃到幾乎一樣大的蛋糕呢？常見的答案是：讓某人把蛋糕切三塊，再讓其他兩人先選自己要哪一塊，由於自己一定只能吃到最後剩下的那一塊，他便有強烈的動機把三塊切成幾乎一樣大。

思考工具箱

程序正當性

我們都想追求好的結果，但每個人想要的結果不太一樣，常常得不到共識。解決這問題的方式之一，是把大權交給某人，讓他來做最終決定。

另一種強調程序本身的思路是：設計一個公正公開的決策程序，無論結果如何，大家都得承認這是正當的。比方說，公投就是一個例子，只要投票流程是公正的，結果便應該被大家所接受，就算實際上不是所有人都能滿意。

延伸來講，我們應該確保遊戲規則的公開公正，而參與者們可在此前提之下，競逐自己想要的。也就是說，在公共政策方面，只要整個決策過程都符合規則，那全部人都該接受最終結果。儘管這個思路並不算完美，還常會引發爭議，但它能使社會大眾建立起互信的基礎，而不至於總是偏袒某一方。

當然，在現代社會裡，生育與否是個人自由。如果你傾向不生，也許是同意那些比較悲觀的論調；若真的想要為人父母，多數都希望子女能夠平安快樂。我相信在這情況下，動機限制、風險認可與責任說明等原則很有參考價值。尤其是有種反論很難完全避開：**孩子從來都沒辦法決定他自己要不要出生。**如果我們認為，大部分事情都應該得到當事者認可才能執行，那麼對孩子而言，出生這件事顯然是被決定的，沒有人先問過孩子。這其實反映出父母應有的意識：既然無法事先同意，至少應該嘗試事後追認。

此外，我也想要指出，「父母為何生下我」這個提問其實帶著很強烈的預設。歷史上人類曾遭遇過許多苦難，常常有人問「自己為何被生下來」，但他們求問的是神，而不是父母。在許多古人的觀點裡，人是神造的，父母不過

是幫忙賦予肉身。所以德國哲學家萊布尼茲（Gottfried Leibniz）的神義論，討論全善上帝為何要造人在這萬惡世界；詩僧王梵志則有相當直白的描述：「無衣使我寒，無食使我饑，還你天公我，還我未生時。」

以當今的人類知識，若要詳細追溯個體成長（包括意識與肉身）的因素與機制，會遠比我們想像中複雜。更直白地說，將「為何生下我」拿去問神、問父母、問這社會這世界、問生物最原始的驅動力，其實都是可能的。當然我不會否認，父母掌握了一個孩子能否誕生的關鍵點。但這真的表示，父母在孩子得以誕生的一連串因果關係裡，應該負起最大的責任嗎？在此我無法給出完美答案，只能提供一種更多元的思考方向。

📖 延伸書單 ··

▪ 大衛・貝納塔（David Benatar）著，《生而為人是何苦》，游擊文化，2023。
▪ 森岡正博著，《不要出生，是不是比較好？》，衛城，2024。

五分鐘燒腦練習

- -

1. 就你觀察，哪些人或怎樣的人特別會想要生育子女？哪些人比較不會？在你看來，哪些原因和理由，可能會使得他們這麼做？

2. 你認為痛苦、快樂是不對稱的嗎？或者是說，人類感受到痛苦的程度，是否永遠多過感受快樂？請舉個例子來說明你的想法。

3. 假設某人覺得自己的生命充滿痛苦，因而想要責怪讓自己誕生在世上的人事物。你認為這種心態合理嗎？如果不合理，你會建議他該怎麼做會更好？

23

生命是自然演化的結果，還是被設計創造出來的？

假設你在荒野中發現一支手機，會覺得這是自然長出來的，還是有人掉在這裡的？當然，大家都會認為是後者，畢竟世上可沒有什麼會長手機的樹，而且手機是在工廠製造出來的產物。也就是說，我們認為像手機這麼精密複雜又運作地如此有條理的東西，一定是有人設計好再創造出來的。

如果你同意，繁複有序之物必有設計創造之人，那麼繁複有序的生命系統，是否也出自某位設計創造者呢？有不少人這麼想，但也有很多人在懷疑。

讓我們說得清楚一點。首先，「必有設計創造者」的想法，被稱為**智慧設計論**（intelligent design）。它的基本觀點是，繁複有序的生命乃至於人類文明，不可能完全是自然

進程下的一連串巧合，因此一定有個智慧高超的設計創造者，或至少有超自然、超科學的力量參與其中。

早在古希臘，就有哲學家討論過造物主的概念；中世紀時，哲學又和基督宗教相結合，試圖論證創造世界的上帝存在；到了近代，它開始採納物理學與生物學的論據，主張有序生命自發形成的機率實在太低，由於宇宙一開始就不適合生命存在，因此必然有超自然力量在推動。

比方說，地球的溫度必須恰好適中，才能讓液態水得以存在；海水的鹽分必須剛剛好，才能孕育多樣物種；大氣層的厚薄與成分必須合適，才能過濾有害射線，同時讓植物可以行光合作用——這些都是生命存在的必要條件，而從整個宇宙的角度來看，同時滿足它們的地球簡直就是個奇蹟。

一切看來都太過剛好，這究竟是正常還反常？如果我們能有直接證據，來說明這樣的設計創造者曾經存在，無論要稱其為神、上帝、造物主甚至外星人，那智慧設計論就會有力很多。但事實是，智慧設計論目前只能靠類比與推測，拿不出決定性的證據。相較之下，如果科學家能夠進行一場實驗，證明只要物理、化學等條件到位，就能重現生命從無到有的過程，那智慧設計論便會衰微。但是，目前也還沒有人能夠做到這一點。

不確定性

所謂不確定性，是指難以確定何時發生、甚至會不會發生的事件。這又可以分為兩種：一是有許多類似事件可參照，所以能給出大致機率，例如大地震即是。二是缺乏足夠的類似事件做參考，只能模糊地猜測，譬如大規模的戰爭、流行病等還會不會再次出現。

雖然這裡探討的是從前發生什麼事，但「生命如何形成」的疑惑，跟第二種狀況很像。如今我們既難以重現生命形成的過程，又缺乏類似事件來當作參考，於是只能按照對機率的直覺認知。也有人認為，由於資訊不足，這類問題已超出人類理性所能確定的範圍之外。

　　也因為如此，「機率」成了一種理解框架：設計論者要把自然形成的機率說得非常小，最好是接近不可能；反方則要說這機率沒有那麼小，它的自然形成其實不意外。《誤判的總和》一書當中，作者就採取了三大論據來反駁智慧設計論，指出有序生命自然形成的機率其實並不低。

演化之力：物競天擇導致一切

首先，生物學面向的思路是，無論宇宙或世界長什麼樣子，最初的細胞都能適應環境，逐步發展出各項特質與能力，最終演化出繁複有序的生命，所以自然形成的機率非常高，可能接近百分之百。所以，儘管智慧設計論主張，生命的繁複有序全是來自於某一設計創造者，但演化之力是一種更好的替代解釋。也就是說，如果你認為，有序生命的一切都可以透過演化之力來理解，那也就不用承認設計創造者的存在了。當然，這也會引發出幾個疑惑。

1. 進化論只解釋簡單生命到複雜生命的過程，但似乎沒有解釋生命如何從無到有。

2. 演化之力看來需要很多條件支持，例如地球的氧氣、液態水、適宜陽光等，畢竟我們至今仍還未在外星球上發現任何生命。

那麼，生命的從無到有，或說最初生命得以出現的前提，其實依然是個科學上未解的謎。也因為如此，或許演化之力的存在，使得有序生命的機率並未低到不可思議，但它仍有些問題點需要解決。

多重宇宙：只要足夠多，總有一個適合生命居住

　　第二種論據，是基於多重宇宙的觀點：假設物理上任何可能的時間支線，最後都會演化成無數個不同的宇宙（但彼此之間不知道對方存在），那麼出現繁複生命的機率，就會是百分之百。

　　比如說，四個朋友一起玩撲克牌遊戲「大老二」，我們知道拿到「一條龍」（從 A 到 K 都正好有一張）的機率非常低，但有時就是會自然發生。雖然有人玩了一輩子的「大老二」都拿不到，但依然是有可能發生的，因為在全臺灣那麼多人玩的情況下，就算機率很低，有一天也會自然出現。

　　用較學術的方式解釋的話，即就算機率真的很低，只要嘗試次數足夠多，某一天必然會發生。而多重宇宙的觀點，則試圖把可能出現的宇宙看成無限多個，若宇宙真的有無數多種型態，就算出現了適合生命誕生的那一個，也沒那麼讓人意外。

　　也就是說，無論一件事的機率有多低，只要不是零且嘗試次數無限多，事情就必然會實現。真正的問題在於，目前多重宇宙並非出於科學理論，而且智慧設計論者可能會堅持：「你所說的這套多重宇宙，也是出自設計創造者之手

啊。」凡此種種，使得多重宇宙論比演化之力還難證明，基本上還停留在假設層次。

人擇原理：宇宙是為了我們而存在

　　最後一種論據，同時也最常提到的是，既然我們能夠活著思考這問題，就代表宇宙必然是支撐繁複生命存活的樣子。如果事情已經發生，也就不用再強調機率很低，因為宇宙沒有一開始就阻止生命形成，而生命也自然出現了，我們的存在本身就是最佳的證明。

　　這乍看之下有點道理：既然事情已經發生，當然就不需要去證明這件事根本不可能發生。然而，很多人仍覺得，這並未回答到「機率太低」的論點。甚至認為這在逃避「機率為什麼那麼低」的問題。

　　如果把注意力放在「巧合」一詞上，就比較能理解人擇原理在說什麼。智慧設計論常常伴隨著一種說法，就是「這一切不可能那麼巧」。也就是說，我們越覺得繁複生命是超低機率下出現的巧合，或宇宙的條件越不適合生命存在，就越需要智慧設計論來解釋這一切。

　　相較之下，人擇原理是指，只要我們發現自己在生

命輪盤當中得勝，就不必再有「為什麼這麼巧」之類的困惑，因為宇宙秩序不是由巧合所構成，它本身就保證了繁複生命的可能性，**我們的存在就是最佳論據**。在我看來，人擇原理的論證策略，是要徹底消除原先預設的偶然性（contingency），並說宇宙比想像中適合生命的自然形成。儘管在現階段，我們還無法算出大致機率，但它絕沒有近乎不可能，甚至還比很多人預期地要高。

◯

做個簡單結論。關於「生命一開始怎麼出現」的問題，反映了宗教和科學在世界觀上的競爭，儘管雙方好像都沒有決定性的理據，但從進化論和人擇原理的綜合來看，外加一點多重宇宙式的想像，似乎已能把那種偶然性的感受打消大半。

我認為反智慧設計論的人們，其實是打算改變一種人性直覺：機率很低（譬如1%或0.01%）的事如果出現了，大家會覺得這叫「偶爾也會呀」，而不會大喊「怎麼可能嘛」；相較之下，號稱萬年一遇、機率超級低（譬如0.0000000001%）的事如果發生了，大家要不覺得當初的機率數字算錯，要不認為是有人刻意促成此事。正因如此，若能把社會大眾對於生命存在的機率認知，塑造成「偶爾也

會呀」而非「怎麼可能嘛」，智慧設計論就沒有立足點了。

　　當然，另一種很受科幻小說歡迎的觀點是，我們都身處於虛擬世界，而虛擬世界是有人刻意設計製造出來的。

📖 **延伸書單** ....

▪ 詹姆斯・齊姆林（James Zimring）著，《誤判的總和》，鷹出版，2023。

五分鐘燒腦練習

- -

1. 就你所知，世界上有哪些事件或狀況，看來不是人為的，也不是自然形成的，而常常必須訴諸神、鬼甚至謎樣的外星人？你是如何看待這些事件或狀況的呢？

2. 如果有人說，神、鬼、外星人都不存在，這些事一定可以被心理學、物理學、生物學等知識所解釋，只是我們目前的研究還不太夠。你會同意這種說法嗎？試著闡述看看理由吧。

3. 如果有人說，世上根本沒有巧合或偶然可言，只是我們還不知那些事怎麼形成的而已。你同意這種說法嗎？哪些原因使你這麼想？

24

大家常說一代不如一代，真有其事嗎？

　　「現在年輕人都……」的句式，越來越常出現。有時它代表一種好奇，有時則帶有負面意涵，比如「草莓族」或「玻璃心」，用來形容抗壓性低，甚至只爭權利不顧義務的人。尤其是「一代不如一代」的說法，更是進一步指出：某些東西帶壞了這一代，或是使原先的缺點變得更差、更邪惡。比如因為對下一代過度保護，或者因為降低要求與減輕懲罰，而大規模製造了草莓族與玻璃心世代。

　　年輕一輩則對此嗤之以鼻，但「這些人被某些事物帶壞」的論點從未消失，每隔一段時間就會出現。於是產生了兩派對立的觀點：

　　1. 年輕人總愛沉迷於那些東西。

　　2. 老年人經常瞧不起這些事物。

放眼過往數十年，這個「事物」從漫畫、桌遊、電視、電動，到如今的手機或抖音，簡直成了「一代不如一代」的萬用公式。或者更直白地說，由於社會變得越來越不如老年人心中的預期，才導致他們得找個不太對勁或看不順眼的東西來怪罪。

　　當然，不是指我對這一切都毫無疑慮，事實上問題也不少，但各種長期趨勢的形成，並不只是出於單一事物，還可以區分為結構條件、誘發因素、觸發因素等。除非有大規模的調查研究足以支持，否則「被什麼帶壞」是個相當片面的觀點。

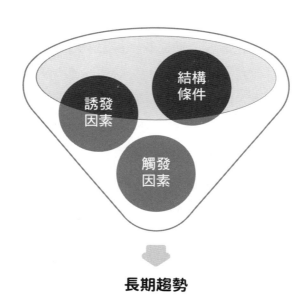

長期趨勢

思考工具箱

反事實推論

如果秦始皇從沒出生過，秦國還能統一天下、統一度量衡嗎？如果當初就殺死嬰兒時期的希特勒，二戰還會開打、猶太人大屠殺依舊會發生嗎？所謂「反事實推論」正是「如果當時……會改變某種歷史結果」的思維。

或許有人會認為，討論這類問題的意義不大，但它有助於釐清因果關係的輕重。比如有人會主張，就算沒有希特勒，二戰同樣會爆發，因為存在著很強的環境壓力或結構因素，使得德國主動開戰。若此為真，希特勒扮演的角色其實就沒那麼重要了。

同樣地，當有人宣稱某樣東西「帶壞」大家，我們也可以去探問：如果某東西不存在，大家就不會被其他事物「帶壞」嗎？如果會的話，問題究竟是出在這些東西上，還是有其他重要因素存在呢？

人類的平均智商每一年都在提高

奇怪的是，如果真的一代不如一代，理論上社會將陷入持續衰退的狀況，但全球經濟卻是年年成長，科學技術

也日新月異，似乎沒有特別明顯的斷層。甚至有一門研究領域，無意間證明了下一代漸漸「變得更強大」，那就是智力測驗。

早在1980年代就有學者指出，新世代在智力測驗的成績表現似乎越來越好。又過了數十年，這個傾向更加明顯，乃至於紐西蘭心理學家弗林（James Flynn）在檢驗十多國的樣本與數據時，指出了不同世代之間智力會提高5-25分，平均15分。這種智力集體提高的現象，被命名為**弗林效應**（Flynn effect），尤其在不易透過教學而習得的測驗中，效應最為顯著。或許由於太過違反「一代不如一代」的觀點，這效應讓學者們百思不得其解，甚至被公認為智力研究有史以來的最大謎題。

當然有人會表示，人類的健康年年改善，智力不也是如此嗎？或許我們就是該接受一代會比一代更強大。但弗林本人倒是不這麼看，雖然新世代並無變差，但好像也沒有天才輩出。他自己觀點是，新世代在解決抽象問題的上確實強化了，但這不見得代表整體的進步。

另一種較被廣泛接受的解釋，稱為**「社會乘數」**（social multipliers）。是指最初在能力上的小優勢——

也許是來自遺傳差異，也可能是生活環境較好──會帶來更好的表現，而這又繼續創造出更好的環境。

也就是說，某人在某事上表現出色之後，可能會因為被「認定」為優秀，而獲得額外的學費、練習或是選擇，也許還能享有比其他人更好的教育和環境。更好的環境則會成就更好的表現，又能繼續帶來更優渥的環境條件。

如此循環下去，這樣的反饋將成倍數增長，讓最初的小優勢在日後產生加乘效果，最終與他人形成更巨大的表現差異。若是社會特別著重在認知表現上（如語言、記憶力、推理計算等可透過訓練提升的能力），這種現象可能會發生在整個社會層級。不過，目前並沒有人對這個想法進行直接檢驗。

對新事物的接受程度將隨著年齡而降低

從智力提高或社會乘數的角度來看，新世代一定有他們進步的地方，只是這類進步，不見得是中老年世代能夠欣賞或想看見的。也可以說，這類進步要形成具體明確的成果，需要很長時間的積累，以及不斷的嘗試與改善。這不禁讓人想起，英國作家亞當斯（Douglas Adams）所言：

任何我出生時已有的科技，都屬稀鬆平常；任何我15-35歲時出現的科技，都終將革命性地改變世界；但任何我35歲後出現的科技，都是違反自然規律、必遭天譴。

　　這代表，人們對新事物的接受程度，很大部分受年齡或固有認知所左右，也因為如此，「一代不如一代」的說法，或許的確觀察到長期趨勢的某些面向，尤其是不太好的部分。但這趨勢究竟是好是壞，或哪裡好、哪裡壞，常常需要以十年以上為單位，才能夠更明確地做出判斷。

　　一種比較樂觀的看法是，人類社會是不斷發展演進的，面對批評可以想辦法改善，受到稱讚可以繼續維持。正因如此，「一代不如一代」、「誰被什麼帶壞」雖然不一定有道理，但多少也有提醒功能在，例如有人認為教養方式、學校政策的轉變，使得年輕人被過度保護。當然，這不代表所有年輕人都玻璃心，但確實可以觀察到一些以前未曾見過的現象。那麼，接下來可以討論的就是，哪些情況不用特別保護，哪些又算是過度保護？如果這可以化為實際的政策與行動，就有機會補足年輕人被認為「太脆弱」的部分。

　　總而言之，「一代不如一代」是個流傳已久的說法，它往往強調了某些負面趨勢或現象，但每個世代的特色和案

例又不太一樣。隨著時間流逝，大家漸漸習以為常，直到受批評的青年終於步入中老年，看到流行在年輕一輩的人之間的新奇事物，或者與自己格格不入的言行時，便開始感嘆「一代不如一代」，歷史再次重演。

每個社會多少都有世代差異，但由於網路科技帶來了認知與行為落差，尤其網路原住民是前所未有的一代。他們從小就圍繞著3C產品、幾乎一整天都盯著手機、習慣動態圖或影音而非純文字，在長時間的發展演變下，注定會誕生出全新心態與文化。從人類獲取資訊的主要媒介來看，網路加手機所帶來的衝擊，恐怕是千年以來難得一見的。

這是好還是壞呢？是好處更多，或壞處更多呢？或許在每個世代心中都有著不同的評價標準，因而對新世代出現了諸多看法。

📖 **延伸書單** ···

- 強納森·海德特（Jonathan Haidt）、葛瑞格·路加諾夫（Greg Lukianoff）著，《為什麼我們製造出玻璃心世代？》，麥田，2020。
- 伊恩·迪瑞（Ian Deary）著，《智力：測量人類思維及能力的有效方式》，日出，2023。

五分鐘燒腦練習

1. 你聽過「草莓族」或「玻璃心」這兩個詞嗎？它們代表了哪些特徵？你身邊有人符合這些特徵嗎？請盡量說說看。

2. 「世代差異」是怎麼出現的？又，為什麼有人會認為世代差異值得我們關注？請列舉幾種可能性。

3. 你認為年紀越大的人是否越難以接受新事物？或者說，年紀是人們難以接受新事物的因素之一嗎？請詳述你的想法或理由。

25

在高度內捲化之下，無條件基本收入有用嗎？

　　某篇被瘋傳的網路文章，標題直接寫著「中產的孩子沒有未來」[3]。一位居住於上海的國中男生問爸爸：「你學歷那麼好，又在科技業工作，但只要面對大城市的高房價、高物價，就注定很辛苦。那像我這種天分不高的，再怎麼樣也上不了名校的，天天努力念書十幾個小時，又有什麼用呢？」

　　爸爸聽了自然不太高興，但他無法否認，自己孩子講的多少是實話。這位爸爸深呼吸一口氣說：「你也長進了，未來打算怎麼辦？」結果，兒子說想騎車跑外送，累積點社會經驗，盡量不耽誤白天上學。而爸爸也同意了。

---

3 〈行業研究報告｜中產的孩子沒有未來〉出自中國數字時代，https://chinadigitaltimes.net/chinese/705547.html。

如今在網路上，把這種付出大量努力卻很難得到回報的狀況，叫做「內捲化」或「捲」。用比較學術的方式講，是指一個環境所提供的獎賞有限，但許多人一再付出更多資源來爭取獎賞的結果，也就是付出與回報的比例越來越不成正比，又稱過度競爭或軍備競賽。

思考工具箱

過度競爭

一般而言，我們認為有競爭是好事，公平競爭可使人才脫穎而出，而隨競爭而來的獎勵，也給了人們一再前進的動力。至於商業上的競爭，能促使企業去降低成本、提高品質，這對社會大眾也是長期有利的。

然而，過度競爭的請況也不算少見：為求排擠對手或搶佔有限名額，參與者的投入成本節節上升，卻並未產生任何明顯好處。此外，當所有人都明確意識到過度競爭，就會產生兩種比較明顯的策略：一是一再投入更多，二是直接選擇退出。據此我們可以說，有意識去保持良性競爭、避免過度競爭，才是比較理想的社會。

　　不少人認為，教育現場或社會趨勢都正陷入「內捲」，比如念書時間越來越長但排名卻很難再提高，工作時間越來越長但薪資卻漲不上去。這直接導致了很多人決定退出競爭，過著及時行樂、能養活自己就滿足的生活，抵抗「拚命奮發向上」的價值觀。

　　不限於上海或臺灣，這是已開發國家或多或少都存在的現象；也很難說是對是錯，因為你跟著「捲」了下去，卻難以保證能帶來任何成果，反倒可能招致壓力相關的心理疾病。政治哲學家桑德爾建議用抽籤決定誰能上大學，正是考量到教育內捲化的問題。在他看來，與其教導個別學生在激烈競爭當中勝出，改變整體篩選制度才是治本之道。

如何找到合理分配財富的辦法？

　　如果你覺得桑德爾的說法似乎有點偏激，其實在整體貧富差距的問題上，認為「現狀並不平等」的論點並不少見。專門研究不平等現象的法國經濟學家皮凱提（Thomas Piketty）就提到：

　　所有的人類社會，都必須為內部的各種不平等自圓其說，必須找到理由來解釋不平等現象，否則政治和社會結構

將會面臨全面崩解的危險……在當代社會中，這套合理化論述包括「財產所有權」、「創業精神」、「成就主義」三大面向：現代的不平等是公平合理的，因為它源於一個自由選擇的過程，每個人在這種過程中都擁有取得市場及財產權的相同機會，每個人也都能自動獲益於最富裕階層（即那些最具創業精神、最能展現成就、最有實際用處的人）的資產累積。

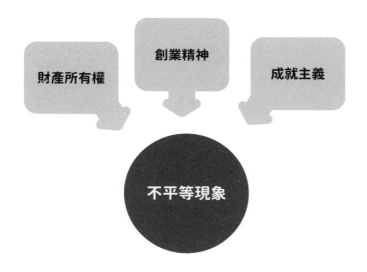

「每個人都擁有相同機會」看似很好，但如今人們感受到的現實，卻是僧多粥少、競爭越來越激烈。這樣的高度內捲化，很大程度是立基於社會的不平等狀況，有時也反映出「贏家就該全拿」的趨勢。因此有人認為，需要制定一套

「合理辦法」來重新分配財富的權力與規則，最好能寫進法規裡。一種主要做法，就是**向社會中的富人徵取重稅，並用不同形式來分發給大家。**

談到這裡，最好先討論一下反面觀點。在反對者眼裡，這類思路常被說成「搶劫富人來圖利窮人」：既然富人靠自家努力賺到了錢，為什麼要白白奉送給窮人？往往還連帶強調，窮人的窮是自找的，可憐之人必有可恨之處，他們才不配坐享其成。

然而，由於投資報酬率的關係，資本會產生**「利滾利」**的現象，起始資本越大則利益滾得越快，比如擁有的房產越多，收租也越多，獲得的收益便能繼續投入房地產。由此角度來看，擁有龐大資本的富二代，主要是靠繼承而非努力，他們的知識、能力不一定差，但得到的收益卻被資本放大了許多倍。所以富人之富不見得全靠自身的努力，而是因為財產繼承給他們帶來了巨大的優勢。

至於「窮人的窮是自找的」之說，或許捕捉到了一點實情，但我們不該單純因極少數的狀況，來阻止多數人得到充分的資源。在國家宣稱要保障人民福祉的前提下，累進稅率、全民健康保險、低收入戶生活補助等一系列社會移轉政策[4]都已經行之有年了。現在要談的，只是這種稅賦與移轉機制，需不需要再加強力道。

為何有人支持「無條件基本收入」?

　　總之，對富人抽重稅來做社會移轉，許多時候被視為太過激進，但你若同意貧富懸殊必須被解決，長期來看這才是治本之道。以下我們就來看看，另外一群人認真討論的做法——**無條件基本收入**（Unconditional Basic Income，簡稱UBI）。最簡單的理解方式，就是政府每個月發一筆支應生活的錢給你，不用附帶任何條件。以臺灣的狀況，我們可以想像一下：如果臺灣實行UBI，你每個月都可以從政府那裡領到2萬元，就算每天多睡好幾個小時不務正業也一樣，更沒人能管你怎麼花，即使都拿去手遊課金也一樣。

　　乍看之下，實行UBI的最大問題，就是亂發太多錢，或錢不知從哪來。但是，讓我們先考慮一個假想情境：在某個社會裡，人們的年平均所得是120萬元，而為了保障人民福祉，大家提出兩種移轉金方案，你偏好哪個?

1. 這方案簡單明瞭：每人每月領2萬元。並對所有人的年所得，課徵20%的單一所得稅，來支應這筆社會移轉金。

2. 另一種方案則複雜多了：零收入者每月領2萬。接著，移轉金會按階段降低：人們每多賺1元，這筆錢就少給0.2元。也就是說，如果你正好月薪10萬，就

拿不到任何移轉金。至於財源,則對收入120萬元以上的人,課徵20%的稅。

這個理論來自於美國經濟學家曼昆(Greg Mankiw)的部落格,再經我改編。如果你認為,方案一在財政上很荒謬,還會把錢發給根本不需要的富翁,導致財源不夠;方案二則合理多了,至少有區分需要或不需要的人,似乎較為可行。那麼,曼昆的結論是:「若計算淨付款金額(稅收減去移轉金),這兩個計畫的淨付款金額其實一模一樣,只是框架不同。」也就是說,UBI在財政上還不到天馬行空,所以有些國家如芬蘭、德國等已陸續試行。

無條件發錢的另一層疑慮是:「為什麼某些混吃等死的人,也能領到這筆錢?」這確實是個問題,但請留意:**在現行制度之下,只吸收資源而不事生產的人們其實也存在**,倒不如說社會福利的發放,本就難以完全避開這類問題。

也因為如此,我們的首要考量應該是,在貧富差距大、高度內捲化的狀況下,既然原有的移轉制度不再夠用,UBI

---

4 移轉支出,指政府對於經濟個體的無償性支出,包括社會福利、社會保險支出以及財政補貼。例如:社會救濟金、老年津貼、身障津貼、失業補助等。

是不是一個更好甚至必要的解方？如何使它實行起來好處更明顯、壞處更少見？事實上，許多研究不平等的學者，都同意UBI有其優點。以本文開頭的那位國中男生為例，跑外送並不是一份特別有成長性的工作，但如果每個月能得到一筆額外金錢，支出較高的時候再用外送或其他兼職收入來補足，這樣既不用為生計煩惱，時間運用上也自主、彈性許多。

解決貧富不均最具說服力的「全民基金」

如果你認為，內捲化已是不可避免的趨勢，而國家應該要允許各種人都能生活得下去，無條件基本收入是值得考慮的政策。當然，也許有些人會說，無條件發錢並非長遠的解決方法，那我們還可以思考看看另一種較為和緩的方式，也就是皮凱提所提出的「全民基金」。

簡言之，「全民基金」就是在每位年輕人滿25歲時，由國家無條件地發放一筆補助資金，財源則由加重課徵遺產稅來支應。根據皮凱提的統計：「在富裕國家（如西歐、美國、日本），2010年代晚期每個成年人的平均私人財富約為20萬歐元。以此作為基礎估算，提供給每位年輕人的補助資金將為12萬歐元。」只要執行得當，已開發國家可以應付

這樣的財政支出，若套用在臺灣，每位年輕人可以一次性拿到新臺幣200-300萬元，用以投資自己的人生。

　　這類想法或許有點石破天驚，但已漸漸進入人們的視野中，未來被接受的程度或許也將一步步提升。

📖 **延伸書單** ··

- 蓋伊·史坦丁（Guy Standing）著，《寫給每個人的基本收入讀本》，臉譜，2018。
- 麥可·桑德爾（Michael Sandel）著，《成功的反思》，先覺，2021。
- 托瑪斯·皮凱提（Thomas Piketty）著，《資本與意識形態》，衛城，2022。

五分鐘燒腦練習

- -

1. 什麼是內耗?就你觀察,哪些地方存在內耗或內捲化的現象?請舉出幾個例子,並盡量詳細說明。

2. 抽籤決定誰能上大學,是解決升學教育內捲化的好方法嗎?增加那些構想或條件,能使這個方法變得更可行、更公平?請試著提出你的看法。

3. 你認為,在內捲化越趨嚴重的情況下,國家應該運用某種政策,比如無條件基本收入或全民基金等,以允許自主時間很多、自由打工接案的生活模式成為常態嗎?哪些原因或理由,使你如此想?

26

未來人口會爆炸嗎？
我們需要擔心嗎？

　　地球的資源有限，但人口卻一再增長。雖然目前好像沒問題，但這會不會成為一顆未爆彈？我們需要擔心，未來的人們將為了爭奪生存資源而兵戎相見嗎？

　　這問題的起源，必然需要提及英國學者馬爾薩斯（Thomas Malthus）。他於1798年匿名發表的《人口論》，常被理解為人口以等比級數增長，食物等生存資源則以等差級數增長，或說人口成長接近無限，但土地的潛藏資源量則必然有限。這樣下去總有一天，不停增加的人口會被迫爭奪飲食、能源與醫藥等生存資源，而形成大規模的饑荒、戰亂，甚至導致世界毀滅。

　　先說結論：我們無須太緊張，因為200年過去，全球性的爭搶危機仍然沒有成真，人類的生活品質反而還持續提

高。事實上，早在馬爾薩斯那個年代就有人指出，只要警覺性夠，我們總會發明出新科技、新方法來解決這些問題。

當然，末日預言未曾停歇，只是常常換個版本出現。比如1968年出版的《人口炸彈》，就推測接下來的十多年間會有幾億人餓死，現在搶救可能已經晚了。在1972年，《成長的極限》一書更運用一系列數學模型，強化了同樣論點，並得到許多學者聲援。不過也有人指出，科技正在飛速進展，世界末日終將到來之類的言論都是譁眾取寵、危言聳聽，拿來賣書、賣報紙用的。

思考工具箱

科技樂觀論

簡言之，科技樂觀論指的是無論發生什麼問題，科技都會不斷創新，然後搞定一切；或說無論發生什麼危機，科技都能把它變成轉機。回顧歷史，人類的社會型態甚至國力強盛，都深受科技水準的影響，於是有很多人把科技看成文明進步的根本動力，並特別鼓勵新創產品。

在人口議題上，科技樂觀論者看來說對了，而且在網路、AI方興未艾的時代，這個說法更為流行，新創企業也受到很多人追捧。但也有不少人指出，它不見得是

萬靈丹，容易忽略一些隱藏成本，比如氣候危機就是由於科技發展、用電量提高、碳排量大量累積所導致的。此外，科技帶來的利益不見得是全民共享，比如 AI 可以讓某些人賺大錢，也可以使某些人失去工作。

原物料價格將持續看漲？

事實上，這兩派的針鋒相對，最終演變成一場賭局。事情要從《科學》期刊上的投書論戰開始說起，雙方主將分別是生物學家埃利希（Paul Ehrlich），以及經濟學家賽門（Julian Simon）。埃利希是《人口炸彈》的作者，主張人口已經超越極限，但賽門則說這一切根本毫無徵兆，不然重要的生存資源如穀物、石油與各式金屬等價格早就該一飛衝天了。

兩人吵得不可開交，最後賽門提議來場賭局，自己拿出1萬美元讓埃利希自由下注，看物價到底會不會上漲。埃利希很快地接受挑戰，要賭五種原物料，包含銅、鉻、鎳、錫與鎢的價格（經過通膨調整），是否會在接下來的十年之間上漲，就從1980年9月29日開始算起。埃利希信心滿滿，因為

銅價在過去十年間漲了超過50%，鎢價則漲了三倍多。他認為這是門穩賺不賠的生意，甚至宣稱自己得馬上接受賭約，以免其他人搶先。

然而，一年又一年過去，埃利希從未等到他預期的價格飛漲。十年之後的結果是，世界人口從近45億增加到53億，而那五種金屬的價格，每一項都不升反降。最終賽門贏了500多美金，宣告了暫時的勝利，也讓學者們不停探問：如果人口理論沒有錯，那究竟發生了什麼事？

工業革命所帶來的影響

事後來看，關鍵之一是科技讓我們能以較低成本生產更多原物料，而且大部分礦產都還沒有枯竭。但我們也必須注意，埃利希的那種悲觀論調並沒有完全消失，因為人們總是一再懷疑「這種樂觀狀況還能夠維繫多久」。尤其是，這套人口理論絕非無用，它後來更衍生出「馬爾薩斯陷阱[5]」一說，可用來解釋古代各大文明的治亂興衰，以及歐洲文明何以能夠突破天然資源的限制，達到可持續下去的經濟增長。

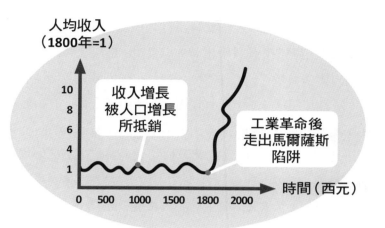

在歷史上，許多帝國都經歷過國力的全盛期，而這種增長並非毫無極限，在大規模的戰爭、饑荒或瘟疫後，往往會造成人口銳減。有些歷史學家就用馬爾薩斯陷阱來解釋，為何這種治亂興衰是必然的，又為什麼直到歐洲工業革命之後才打破慣例。

簡言之，古代一切生存資源（食衣住行）都從土地而來，所以土地越大，能夠養活的人口越多，國力也越強。但

5　以政治經濟學家馬爾薩斯命名，認為對大部分人類歷史來說，收入停滯的原因是因為技術的進步與發現僅僅造成人口的增加而沒有提高人類的生活水準。直到1800年左右開始的工業革命才使得一些國家的人均收入大幅增加。

這也代表著，土地的人口承載力有其極限，它能產出的資源更是有限，在科技進展緩慢時尤其如此。古代唯有農業技術（產出更多食物）、化石燃料（替代木材燃燒）以及長途貿易（把資源運回來）三者，能顯著提高這個上限。但由於規模不夠大或難以長期持續，使得人口成長有其極限。而歐洲正是在大航海時代到工業革命這個時期，在這三個層面都達到龐大規模，加上科技水準引領各地陸續跳脫馬爾薩斯陷阱，所以全球人口與生活品質才能持續增長至今。

從這個角度來看，馬爾薩斯的人口理論，其實有歷史上一再出現的治亂興衰支持，甚至歐洲以外的文明傳統，也沒有自行突破這個陷阱。需要特別解釋的，反而是為什麼這個理論在歐洲工業革命以後就不再適用，而且還擴散到全球。

天然上限VS人為上限

除了天然限制以外，當初馬爾薩斯也有談到人為的社會限制：有一小群貴族掌控了大批土地，卻不願把資源產出全分給大家。用他自己的說法就是：

人如果出生在一個一切都已經被他人佔有的世界，既無

法從父母那裡取得合理程度的生存資源，社會又不需要他的勞動，這時他就連最小一份的食物也沒有權利取得，而且事實上，他根本不應該存在於他所在的地方。在大自然的盛宴上，沒有他的那一份餐具。

　　原則上，我們可以把天然、人為兩種上限分開看待，比如早期的共產黨觀點，就認為「人為上限」更嚴重、更必須打破，但可以靠科技、經濟發展來提高「天然上限」。而現在的棄成長（Degrowth）學派，則連經濟發展這件事都否定了，認為離天然上限已經不遠。也就是說，如果要避免再度落入馬爾薩斯陷阱，讓全球人口與生活品質持續成長的話，一來必須提高天然上限，這必須倚靠科技的持續發展；二來必須打破人為上限，這需要仰賴財富重分配的政策。

　　當然還是有人會說，這種成長必然有其極限，就算不反映在資源耗竭上，也會反映在氣候危機上。尤其是人類為了發電，消耗了大量的煤、石油、天然氣，就算它們的蘊藏量多麼豐富，地球環境也已承受不住汙染的排放。也因為如此，儘管科技樂觀派說對了，人口爆炸在短時間內不會成真，但我們仍然需要有計畫地減少能源、資源的過度使用，使人類文明與地球環境重新達到良好的平衡。

所以，或許人口炸彈真的有一天會引爆，但在科技樂觀論與政策預期之下，這似乎不是特別急迫的問題。但不代表我們可以置之不理，而應該經常回顧與反省，科技樂觀論是否總是為真。

📖 **延伸書單** ··

- 埃德·康威（Ed Conway）著，《供應鏈戰爭》，天下，2023。
- 唐妮菈·米道斯（Donella Meadows）、喬詹·蘭德斯（Jorgen Randers）、丹尼斯·米道斯（Dennis Meadows）著，《成長的極限》，臉譜，2024。

五分鐘燒腦練習

1. 你聽過所謂的「末日預言」嗎？它們說了些什麼？哪些原因和理由，使得人們喜歡聽這類末日預言？請列舉幾種可能性。

2. 你認為，人類文明的科技發展，真的能夠克服一切困難，令全球人口與生活品質持續成長嗎？你是樂觀還是悲觀看待？哪些原因或理由，使你如此想？

3. 如果你可以決定，臺灣人口應該維持在某個數量（比如2000萬），還是越多越好？請說明你的原因或理由。

27

世界一直進步，
人們卻活得越來越辛苦？

　　很多人會用「家裡沒礦可挖」，來形容出社會後處處碰壁，因為原生家庭無法提供任何優勢。相較之下，有人繼承父母房產，有人常得前輩青睞，有人聰明天賦好，也有人靠顏值高，而他們的未來通常都發展得很不錯，至少不太需要為金錢煩惱。

　　也許是貧富差距漸漸擴大，加上現在資訊透明化，許多人都已經意識到自身家庭背景在社會上的等級高低。也因為如此，網路上常有人討論如何解套，主流的觀點是自我投資，比如必選電資醫牙或學習投資理財，甚至早早規劃移民海外。

　　用社會學家布赫迪厄（Pierre Bourdieu）的話講，人們所能擁有的競爭優勢，可區分為四大類：

經濟資本	俗稱金錢，也指能夠利滾利的資產，如房屋或股票。
社會資本	俗稱人脈，即親戚朋友構成的人際網絡，往往相互提攜相互推薦。
文化資本	俗稱內涵，指有趣有用、有品味有深度的知識或技能。
象徵資本	俗稱魅力，是名聲、信譽、權威甚至外表等一系列因素的綜合。

　　所謂自我投資，大致上就是為了增加與積累這四類資本：金錢、人脈、內涵與魅力。方式有很多種，每個人適合的不一樣，難以一一盡述。這裡想從比較宏觀的角度來探問：很多人都說這世界變得越來越好，那為什麼這些好處並非所有人都能共享，反而導致競爭越來越激烈、人們也越來越辛苦？

　　事實上，經濟學家凱因斯（John Keynes）在1930年曾指出，在資本積累、技術革新的趨勢之下，我們的後代子孫一定會徹底擺脫經濟束縛，稍微誇大一點說，就是「人人都能工時減半、薪水倍增」。然而，90多年過去，世界顯然沒有朝著他預期的方向走，人類的物質水準有進步，但多數人的生活依然不輕鬆。

棄成長

一般而言，經濟成長是好事，人們常用國內生產毛額（GDP）來計算一個國家的經濟動能，數字高則動能強、數字低則動能弱。各國政府都致力於經濟成長，還常宣稱成長果實是由全民所共享。然而，這麼多年過去了，GDP的確每年都在增加，但大家的生活品質，真的每年都在上升嗎？

如今已有許多人開始思考：一味追求經濟成長，究竟換來了些什麼？其中一派被稱為「棄成長」，他們認為經濟成長是種迷思，是促使人們工作更多而非更少，人類應該徹底拋棄這個神話，重新審視全社會資源（如房屋、環境、教育等）如何得到公平分配，並以促進全民幸福感為目標。

資本主義是如何運作的？

那麼，究竟發生了什麼事？最為人所知的解釋，是貧富差距擴大、所得分配不均。假設今天有十個人，他們合作種草莓賺了1000萬，如果每個人的付出都一樣，最合理的分配，應該是一人可拿100萬，對嗎？可惜，在資本主義社會之

下，人們很少這樣分配所得，因為每個人的「付出」幾乎不可能一樣。以種草莓為例：A說土地是我的，所以我該分更多；B說草莓種子都我買的，所以我該拿更多；C說是我提出種草莓計畫的，所以我該分更多；D說我最細心照顧草莓，所以我該拿最多⋯⋯那究竟該怎麼分配呢？

先不論你認為有無道理，由資本主義所主導的規矩即是──**資本提供者（金錢、土地、高深知識、獨特技術等）可以分得更多，勞力提供者獲得的報酬通常較少。**

若從當今企業的角度來觀察，就是大股東、高階主管獲益更多，基層勞工、派遣員工則回報較少。雖說大體如此，但每個國家社會在總收入上的分配比例，還是可以看出一些差異。

為了充分說明這一點，我們把草莓幫的案例稍微修改一下：每個人的出資、知識與能力確實有所差別。A最聰明也出資最多，他訂出了整體計畫，包括何時播種、選什麼品種、怎麼包裝與訂價，屬於菁英階級；B、C、D也不笨，各有投資一點金錢，他們了解整套計畫，知道出意外時如何處理，還能幫忙補充細節，屬於中產階級；剩下的E、F、G、H等，雖然不太擅長使用頭腦，也沒有出資，但他們體力好，足以細心照顧草莓，屬於平民階級。

如果請大家先忽略其他細節，直接制訂一個最理想、

最具參考性的分配比例，你認為菁英、中產、平民這三種群體，應該各自從1000萬當中分得多少錢呢？

當然，這個比喻不是特別精準，但有助於我們了解：在整體財富分配上，每個國家社會排名前10%是菁英階級，前11-50%為中產階級，而剩下一半的人則是平民階級。如果你認為，菁英可以拿700、800萬，中產、平民再去平分剩下的就好，這個狀況其實不容易長久維持，因為中產、平民可能會受不了壓榨而引發革命。

提出「全民基金」概念的皮凱提就指出，一次世界大戰前的歐洲，是由10%的菁英擁有整個社會約90%的財富，同時這群10%的菁英又取走了整個社會約50%的年收入。這強烈暗示著，若貧富差距大到一個程度，社會容易產生激烈的動盪。

有一半的人無法累積財富

據此，如果你認為，所得分配根本不該考慮出資、知識或能力的高低，每人拿100萬就對了，否則貧富差距會持續擴大，這就近似於「**共產主義**」的思想[6]。在資本主義社會下，其中的關鍵在於，種草莓會帶來金錢收入，金錢是資本的一種形式，而隨著每年種草莓賺來的錢，資本會不斷積

累，那位菁英的財產就會一年比一年增長，與平民間的差距會隨時間越來越大。

在菁英階級那裡，資本積累之所以如雪球般越滾越大，是因為他們除了身為企業裡的主要出資者，可以分到最多收益以外，買房收租金、買股票獲得股息，都是資本越大，收益也越多。

如果再加上**世代間的階級複製**，以及投資報酬率常常大於經濟、薪資成長率，那麼少數菁英與中產、平民之間，必有難以跨越的巨大鴻溝。也就是說，菁英子女們的知識和能力即使不高，他們仍然可以靠著資本坐享其成；相較之下，就算平民子女們的知識和能力相當頂尖，也不太容易在一代之間就追上菁英階級。

事實上，按皮凱提對全球財富的大致統計：2010年時，1%最上層的富裕階級擁有財富總額的50%，而次富裕的10%擁有財富總額的80%到90%，至於後半的50%，僅擁有

6　歷史上實行共產主義所帶來的問題，主要是經濟難以持續成長。對此最常見的解釋，是共產主義社會裡，缺乏充分誘因來研發實用的科技、創辦有效率的企業。

財富總額的5%以下。也就是說，後半的50%人民其實沒有資本積累可言，他們是靠薪資收入生存下去的。又，從總收入來看，2018年時，美國菁英階級約分到全社會近50%的總收入，中產階級分到40%，而平民階級只分到10%出頭；至於歐盟，菁英階級約分到近35%，中產階級分到45%，平民階級則分到20%多一點。

　　至於臺灣，根據行政院主計總處的統計，2022年時的薪資中位數是51.8萬，而有10%的人薪資超過126.1萬[7]。若只聚焦於年收入，而先不考慮財富總額，我們可以說：年薪在51.8萬以下，屬於平民階級；年薪在51.8萬到126.1萬之間，屬於中產階級；年薪超過126.1萬，則為菁英階級。有興趣的讀者們可以算一算，扣去餐飲、交通、租屋、娛樂等支出，在臺灣你的年薪必須要高於多少，才算是有財富積累可言呢？

　　這一切實在頗為複雜，但我們可以歸納出一個結論：只要不去用力扭轉，貧富差距將會越來越大，此乃綜合人性、政治與數學下的結果。

　　也因為如此，世界或許變得越來越進步，但在所得分配方面，其實已經很久沒有大規模更新了。試想一下，如果10%的菁英總是率先分走半塊蛋糕，而90%的中產、平民階級，永遠要彼此競爭剩下的一半（而非想個合理辦法找菁

英索討），而且這分配的比例好像還在逐漸惡化當中，那麼世界一直在進步，普通人們卻越過越辛苦，似乎就不是什麼奇怪的事了。

---

7 參考行政院主計總處之資料：https://www.dgbas.gov.tw/News_Content. aspx?n=3602&s=232651。

📖 **延伸書單** ···

- 托瑪・皮凱提著，《二十一世紀資本論》，衛城，2022。
- 傑森・希克爾（Jason Hickel）著，《少即是多：棄成長如何拯救世界》，三采，2022。

五分鐘燒腦練習

- -

1. 有人曾說:「家裡沒礦可挖,註定人生輸家。」你同意這句話嗎?為什麼你會這麼想?如果一個人在社會上沒有太大的競爭優勢,他可以怎麼規劃自己的未來呢?

2. 你認為,10%的菁英(先假設他們知識、能力確實超群),拿走整個社會50%以上的收益,這是不是一個合理的比例?如果不是的話,怎麼樣的比例會更好呢?

3. 對於「人們越過越辛苦」的問題,大致可有兩種解法:一是自我投資,讓自己過得更好;二是改善分配比例,讓整個階級過得更好。你認為,為什麼很多人在討論前者,卻少有人討論後者?請盡量列舉可能的理由。

28

在氣候危機之下，
越年輕的世代受害越深？

　　氣候危機正在發生。

　　先稍微解釋一下。氣候危機主要是指人類發電、行車與製造物品時，排出了大量造成溫室效應的廢氣，導致了全球暖化的現象，世界各地則有各種環境汙染與破壞。這是現在進行式，不同類型諸如熱浪、乾旱、野火叢生，融冰、洪水、海平面上升，以及空氣汙染帶來的慢性病等，嚴重時會使當地不再宜居，甚至出現武裝衝突，造成難民集體逃往他國，世界更為動盪不安。

　　也許有人會問：「氣候危機有那麼嚴重嗎？為什麼人們好像感受不太到？」簡言之，科學家們對氣候危機早有共識，但他們常常用「升溫了幾度」來表述，使人們不容易聯

想到汙染與破壞。比方說，對臺灣人而言，也許大家不覺得全球暖化有這麼嚴重，甚至認為天氣太熱，開個冷氣就好，但臺灣西半部明顯的空氣汙染，卻是整個社會抱怨連連的事。而且越年輕的世代，受害必然越深，差別只在於我們該如何面對與調適。

全球暖化帶來的衝擊

這同時提醒了我們，如果不盡早阻止暖化，問題將以各種形式出現。也就是說，暖化是一種全球性指標，而乾旱、洪水、霧霾等則是地方性狀況，兩者代表了同樣的趨勢，全球暖化越嚴重，各式天災則越頻繁。這樣的氣候危機，有三點值得人們特別注意。

首先，全球暖化有個臨界點，但無法確定何時會達到或臨界值在哪。

科學家們想要控制全球暖化，他們常以升溫幾度當作臨界點。這類似感冒發燒的概念：如果只是燒到38度，通常只要多喝水多休息就好；但若是燒到了41度，很可能造成難以回復的傷害，最好盡快就醫。同樣地，一旦全球暖化超過某個限度，就會導致一系列不可逆的破壞。但由於這類現象

前所未有，而氣候機制太過複雜，科學家們對於臨界點在哪並無共識，主要是依靠估計值。

這直接導致了兩派觀點：

1. 樂觀派認為，目前離臨界點還很遠，我們還有一些時間，應繼續發展科技來使經濟成長、危機控制兩邊達成雙贏。

2. 悲觀派則認為，臨界點已經很近，目前必須全力保護現有的環境、完成能源轉型，以達到零碳排的目標，甚至考慮放棄經濟成長。

美國似乎較為樂觀，除了諾貝爾獎得主諾德豪斯（William Nordhaus），曾將臨界點設定在攝氏三度左右，前總統川普（Donald Trump）甚至否認了全球暖化正在發生；而歐盟政界大多認為臨界點已經很近，最多允許升溫兩度，所以得在2050年之前達到零碳排，並採取碳關稅等方式，來促使世界各國跟上腳步。

其次，氣候危機只能減緩與調適，難以根除。

以每年舉行的世界經濟論壇為例，雲集了各方的政治、知識菁英，共同討論全球未來將要發生的種種大事。他們於2024年初發布的全球風險報告就指出：未來兩年，人類文明將會面對的、最為嚴重的風險裡，「極端天氣事件」高

居第二名。至於未來十年的風險,「極端天氣事件」則高居第一,「地球系統發生重大變化」、「生物多樣性喪失和生態系統崩潰」則分居第二、第三名。而這些都和氣候危機脫不了關係。

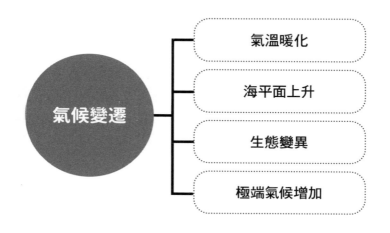

氣候變遷
- 氣溫暖化
- 海平面上升
- 生態變異
- 極端氣候增加

也就是說,在可預見的未來裡,氣候危機不會完全消失,它有點像慢性疾病,是長期以來逐漸積累下來的結果。人類文明目前累積的碳排量,已遠遠超過地球所能自行吸收的程度,根據現有的科技水準,就算我們真的做到零碳排,溫室氣體最多只是不增加,而還沒有具體詳盡的根除方法。這也就是為什麼,我們需要盡量避免達到臨界點,以免對地球環境造成難以復原的傷害。

　　根據學者們的分析，碳排量的節節升高，主要由三大因素共同推動：**世界人口成長、生活品質提升、碳密集度加大**。原則上我們不會去阻止人口成長與生活品質提升，因此必須將重點放在「降低碳密集度」，也就是如何用碳排量更低的方式去做到同樣的事。

　　最後，或許也最重要的，是越年輕的世代受害越深。

　　由於碳排總量是幾百年下來逐漸累積的，累積越多才越接近臨界點，這導致了相當詭異的狀況：越年長的世代，越可以盡情排碳，而不用面對氣候危機的長遠後果；但越年輕的世代，可能一出生就必須面對危機的到來。這有點像是已畢業的舊生們，當初在學校留下了大批髒汙與垃圾，如今剛入學的新生，卻被迫要承受後果並協助清理。

富國排碳、窮國受害？

　　此外，危機帶來的汙染與破壞，常常不會平均分配給全體成員，而是有些人不需承受損失，有些人受害極深。除了年紀、世代的差異以外，也有些地域沒有面臨太嚴重的環境惡化，但有些地方頻繁遇到了超大乾旱或洪水，甚至變得不適人居。

諷刺的是，富裕國家常常靠著長久以來的工業發展，伴隨大規模的發電與排碳，才達到了今天的經濟水準，這也導致並未排放太多廢氣的貧窮國家，往往成為受到衝擊較深的一群。也就因為這種種的不正義，引發了一系列的陳情抗議。比如發起「氣候罷課[8]」的童貝里（Greta Thunberg），就因此被列為2019諾貝爾和平獎候選人。也有些人主張，應該對已開發國家開徵「氣候正義稅」，用以彌補貧窮國家受到的損失，尤其是安置已知的氣候難民。

思考工具箱

辨識不正義

如果在一個社會裡，總是好人受到最大傷害、壞人得到最大利益，這顯然不會是我們想要生活的地方。所以，理想的社會必然會追求正義。

而不正義即不公平，也就是資源、利益或成本分配不當下的結果。如果希望讓社會變得更好，就應該主動辨識各種不正義，並重新思考誰該分配得更多、誰該分配得更少，儘管這個過程可能會很漫長。

不正義會出現在許多層面。在氣候議題裡，比較明顯的是：富裕者（國家）的碳排量很高，受害程度卻較低；

> 相較之下，窮困者（國家）的碳排量很低，卻可能面臨
> 家園生態崩壞的處境。

　　不僅如此，美國就有多起訴訟是由氣候危機所引發，其中最具代表性的，是21位青少年共同控告美國聯邦政府，沒有保護下一代的生存權，而去積極補貼與發展石油化學產業，這後來被拍攝成《青年VS政府》的公共記錄片。最終法院雖然撤銷了此案，但承認了政府有保護環境、避免後代受害的責任，只是司法權不得干涉行政權。這開啟了一種風氣，全美各州有多起類似訴訟正在進行。

　　以上都是發生在歐美國家的案例，現在回過頭來談談臺灣的情況。在各種環境變遷中，臺灣感受到的主要是空氣汙染，或說霧霾。事實上，2008年以前，很多人都以為霧濛濛的天空只是某種沙塵過多的自然現象。直到一位名叫柴靜的北京記者，製作了紀錄片《穹頂之下》，加上媒體持續追蹤報導，空汙議題才開始廣為人知。

8　是在全球範圍內舉行的罷課行動，目的是要求政界和經濟界領導者採取措施緩解氣候變化，從使用化石燃料過渡至可再生能源。活動主要在星期五舉行，部分國家也有大學生參與。

為日益嚴峻的氣候議題尋找解方

為了延緩氣候變遷，各國政府做出了許多努力。比如棄用燃煤、燃油等排放廢氣的發電方式，改採風力或太陽能，同時也鼓勵社會大眾節能減碳、購買電動車，並輔以徵碳稅、碳權交易等政策。臺灣目前也正朝此方向進行，除了以燃氣為過渡方案（碳排量是燃煤的六分之一），風力、太陽能發電網都在積極建置當中，碳稅機制也即將上路。

凡此種種都代表著，在可預見的未來裡，**藉由能源轉型來使人類不再依賴化石燃料，可說勢在必行**。儘管臺灣尚未明顯受到氣候危機威脅，但有許多產業都倚靠大量便宜的能源，因此能否跟上這波轉型也是至關重要的問題。也就是說，氣候危機的確存在，甚至可能會越來越嚴重，但如果能夠好好應對，危機之中或有轉機，甚至是商機。

所以，氣候議題絕不只是科學或政治，它已經涉及到道德、經濟與生活層面，後續效應只會越來越龐大、越來越明顯。那麼，我們準備好迎接這樣的未來了嗎？

📖 **延伸書單** ⋯⋯⋯⋯⋯⋯⋯⋯⋯⋯⋯⋯⋯⋯⋯⋯⋯⋯⋯⋯⋯⋯⋯⋯⋯⋯⋯⋯⋯⋯⋯⋯⋯⋯

- 威廉・諾德豪斯（William Nordhaus）著，《氣候賭局》，寶鼎，2019。
- 威廉・諾德豪斯著，《綠色精神》，八旗文化，2022。

五分鐘燒腦練習

1. 什麼原因使民眾感覺不到氣候危機的嚴重性？又，你同意在宣傳上強化恐懼、強調極端案例或數據嗎？哪些理由使你如此想？

2. 儘管越年輕的世代受害越深，但在臺灣，最關心氣候危機的似乎不是年紀較輕的人，既無氣候罷課，似乎也無氣候訴訟。你會如何看待或解釋這一點？請盡量列舉可能的因素或理由。

3. 如果有人說：在氣候議題上，政府應該完全跟隨民意，民眾關心就跟著關心，民眾不在意就跟著不在意。你同意這一點嗎？哪些原因或理由，使你這麼想？

實現人生藍圖的28堂思辨課

關於學習、工作的意義，以及未來的自己

作　　者｜周詠盛

責任編輯｜李雅蓁 Maki Lee
責任行銷｜鄧雅云 Elsa Deng
封面裝幀｜Bianco Tsai
版面構成｜黃靖芳 Jing Huang
校　　對｜許芳菁 Carolyn Hsu

發 行 人｜林隆奮 Frank Lin
社　　長｜蘇國林 Green Su

總 編 輯｜葉怡慧 Carol Yeh
主　　編｜鄭世佳 Josephine Cheng
行銷經理｜朱韻淑 Vina Ju
業務處長｜吳宗庭 Tim Wu
業務專員｜鍾依娟 Irina Chung・李沛容 Roxy Lee
業務秘書｜陳曉琪 Angel Chen・莊皓雯 Gia Chuang

發行公司｜悅知文化　精誠資訊股份有限公司
地　　址｜105台北市松山區復興北路99號12樓
專　　線｜(02) 2719-8811
傳　　真｜(02) 2719-7980
網　　址｜http://www.delightpress.com.tw
客服信箱｜cs@delightpress.com.tw
I S B N｜978-626-7537-13-8
初版一刷｜2024年09月
建議售價｜新台幣380元

國家圖書館出版品預行編目資料

實現人生藍圖的28堂思辨課：關於學習、工作的
意義，以及未來的自己/周詠盛著. -- 一版. -- 臺北
市：悅知文化精誠資訊股份有限公司，2024.09
272面；14×21公分
ISBN 978-626-7537-13-8(平裝)

1.CST: 人生哲學 2.CST: 生活指導
191.9　　　　　　　　　　　　　113012006

建議分類｜人文社科

本書若有缺頁、破損或裝訂錯誤，請寄回更換
Printed in Taiwan

線上讀者問卷 TAKE OUR ONLINE READER SURVEY

人會改變，也會成長，成長往往伴隨著全新價值的發現。

———————《實現人生藍圖的28堂思辨課》

請拿出手機掃描以下QRcode或輸入
以下網址，即可連結讀者問卷。
關於這本書的任何閱讀心得或建議，
歡迎與我們分享 ☺

https://bit.ly/3ioQ55B